投資《とうし》家

Investors and Entrepreneurs

起業《きぎょう》家

山本敏行《やまもととしゆき》
Toshiyuki Yamamoto

戸村《とむら》 光《ひかる》
Hikaru Tomura

CROSSMEDIA PUBLISHING

はじめに

30年前、世界の時価総額ランキングの上位には日本企業の名前がずらりと並んでいました。2021年現在のランキングを見てみると、日本企業の存在感はすっかり薄れてしまっています。上位10社にはApple・Microsoft・Amazon・Alphabet（Google の持ち株会社）・Facebook・Teslaといった、GAFAM［※01］をはじめとしたアメリカの企業が並び、3位にサウジアラビアのサウジアラムコ、7位にテンセント・ホールディングス、10位にアリババ・グループ・ホールディングと中国の企業の名前が挙がります。上位50社のなかにある日本企業は、36位のトヨタ自動車のみです。

日本企業が再び世界市場で注目されるようになるには、世界市場で戦える日本企業を増やしていく必要があります。そのためには、スタートアップを増やし、その成長を支援していかなければいけません。

アメリカでは年間約20兆円もの資金がスタートアップへ流れ、スタートアップが「ユニコーン」（時価総額が10億ドルの未上場企業）になるまでの期間はどんどん短くなっています。一方、日本の未上場企業への投資は近年急激に拡大してきてはい

［※01］GAFAM
Google・Amazon・Facebook・Apple・Microsoftの頭文字を取った呼び方。

るものの、年間3000億円規模であり、アメリカに遠く及びません。

私、山本敏行は2000年に創業し（そのときに設立したEC studioは、のちにChatwork株式会社に社名変更）、2012年にシリコンバレーに米国法人を設立。2019年にChatworkは東証マザーズに上場しました。もともと上場は考えていませんでしたが、シリコンバレーに身を置き、そこで資金調達をして急激に成長していくスタートアップ群を間近で見て、考えが変わりました。そして、会社が資金調達をしたことでエンジェル投資にも興味を持つようになり、自分でもスタートアップ起業家に投資するようになったのです。このあたりの経緯については、本書で詳しくお話ししています。

エンジェル投資の世界に身を置いてみると、日本のエンジェル投資における課題が見えてきました。アメリカに比べてスタートアップに流れる資金が少ないだけでなく、日本にはスタートアップを支援できるエンジェル投資家（本書では「パワーエンジェル投資家」と呼びます）が少ないこと、それにより適切なサポートを受けていれば生きながらえたはずの多くのスタートアップが、成長することなく消えていってしまう現状がありました。

日本では、上場を経験した経営者でないとスタートアップの支援はできないと思われていますが、そんなことはありません。会社を上場させた経験がなくても、スタートアップを支援することはできます。特にあなたが経営者であればなおのこと、その知識や経験、人脈は、スタートアップにとって有益です。けれども、多くの経営者がスタートアップの支援方法を知らないばかりに、エンジェル投資に手を出せずにいます。そして、支援を受けられずに消えていくスタートアップを見て、「エンジェル投資はギャンブルだ」と認識してしまう。この悪循環をどうにかして解決することが、日本においては急務だと思うようになりました。

投資家には、起業家を「支援」する方法を知ってほしい。

起業家には、良い投資家と出会い、ビジネスを大きくしてほしい。

本書は、そのような思いで執筆しました。

序章では、ここでお話ししたよりも詳しく、日本に「パワーエンジェル投資家」が必要である理由を解説します。その後は3部構成になっています。第1部では、投資家と未来の投資家のみなさんに向けて、「探す（1章）」「見抜く（2章）」「投資する（3章）」「支援する（4章）」というプロセスに分け、エンジェル投資についてお話しします。第2部では、起業家とこれから起業しようとしているみなさんに向けて、「起業する（5章）」「事業をつくる（6章）」「スケールさせる［※02］（7章）」というプロセスに分けて、IPO（上場）やM&A（売却）といったエグジット［※03］を見据えた起業の仕方についてお話しします。第3部では、「投資家と起業家が出会う（8章）」と題して、コロナ禍を経て変わってきた投資家と起業家の出会い方や関わり方についてお話しします。随所に私の実体験も盛り込みましたので、読み物としても楽しんでいただけると思います。

起業の仕方を教える書籍は、世の中にいくつもあります。また、起業そのものについて詳しく話そうとすると、本書だけではとても足りません。そこで、起業の具体的な方法などはほかの本にお任せすることとして、本書の第2部ではエグジットに関係のある内容を中心に記載しました。

一度会社を立ち上げてエグジットさせ、もう一度起業すると、2回目に起業した

［※02］**スケールする**
事業規模が拡大することを意味する、スタートアップやベンチャー界隈で用いられるビジネススラング。

［※03］**エグジット**
創業者やファンドが株式を売却し、利益を手にすること。出口戦略。

ときのほうが間違いなく成功確率は上がります。何度も起業しているシリアルアントレプレナー（連続起業家）ほど、失敗しにくいのです。たとえるなら、前世の記憶がある状態で人生をもう一度最初から始めるようなものだからです。

1回目の人生であれば、若い頃は健康面についてあまり配慮していなかったり、「この道を行ってもうまくいかないかもしれない」と思っても勢いで飛び込んでしまったりするでしょう。しかし、たとえ時代背景は違っても、「10代ではこういう悩みがあったな、20代では結婚や子育て、そして60代では健康的な問題が出てきたな……」という前世の記憶がある上で2回目の人生を始めたら、人生の出口、つまり「いかに人生を全うするか」から逆算して生きるのではないでしょうか。

会社の出口には5種類あります。ＩＰＯ（上場）、Ｍ＆Ａ（売却）、事業承継、清算、倒産です。私が初めて起業したときはとにかく必死でした。当初はＩＰＯを目指していなかったので、起業してからＩＰＯまでに19年かかっています。しかし、私がこれからもう一度起業するなら、最初からエグジットという出口から逆算して起業すると思います。1回目の経営経験（前世の記憶）を使えば、最短でＩＰＯできるでしょう。

今も、昔の私と同じようにエグジットを意識せずに創業する起業家は少なくありません。しかしそうなると、途中でエグジットという選択肢が見えたときに右も左もわからなかったり、先にこれを知っていたらもっと効率よくエグジットまで持っていけたのに、と惜しく思ったりすることが往々にしてあります。本書はそのような人たちにとっても有益となるよう、「エグジットありきの起業」についてお伝えします。

また本書は、投資家と起業家をつなぎ、スタートアップを支援するという挑戦を共にしている戸村光との共著です。

詳しくは「おわりに」でお話ししますが、彼とはシリコンバレーで偶然再会しました。彼が住んでいたシェアハウスが私の自宅近くにあったこともあり、Chatworkで一緒に働くようになりました。その後戸村は、留学生がインターンシップ先を見つけにくいという問題を解決するサービスを立ち上げたり、自身でも会社を設立して未上場企業に関する独自のデータベースを提供する事業を展開したりしています。

自身も若手起業家であり、ほかの多くの若い起業家たちとも交友のある彼との共著にすることで、本書は年代を問わずに活用してもらえる内容になりました。

本書が、投資家と起業家のみなさん（これから投資家や起業家になるみなさんも含めて）のもとに届き、少しでも何かの役に立つこと、そして日本のスタートアップ業界が抱える課題の解決に一役買い、日本経済の復活に貢献できるとしたら、これ以上嬉しいことはありません。

はじめに……002

序章
日本には「パワーエンジェル投資家」が必要だ

GDPの20%もの価値を生み出したアメリカの起業文化……020
「スタートアップ」とは何か……029
エンジェル投資とは……042
投資家が得られるものと投資家に求められるもの……046

起業家と投資家の両方を経験して …… 049
「パワーエンジェル投資家」が日本再生の鍵 …… 052

第1部 投資家

第1章 探す

エンジェル投資を始めるときの難しさ …… 060

投資先と出会う方法……065
小さな「スタートアップ村」の閉ざされた門……071
シリコンバレーでエンジェル投資が盛んな理由……076
良い案件はトップ10%の投資家に集中する……079
column01 初めてのエンジェル投資……081
投資家Q&A ①……083

第2章 見抜く

有望な投資領域を見抜く8つの視点……086
成功する起業家の7つの条件……094
column02 2社目の投資は5年で数百倍に……104
投資家Q&A ②……108

第3章 投資する

エンジェル投資の進め方 …… 112
出資形態のパターン …… 117
交渉のポイント …… 119
資本政策表 …… 124
column03 30万円から始めたエンジェル投資 …… 125
投資家Q&A ③ …… 128

第4章 支援する

日本のスタートアップ投資の問題点……130
さまざまな支援のかたち……131
月次レポートはスタートアップの健康診断……134
投資家と起業家はフェアな関係……141
支援の内容……142
ビジネスの基本を教える……147
3カ月に1回は顔を合わせる……151
起業家が支援されて嬉しかったこと・助かったこと……152
column04 テックジャイアントに負けないスタートアップのつくり方（1）……155
投資家Q&A④……167

第2部 起業家

第5章 起業する

スタートアップ起業家の条件 172
起業したい学生は1にも2にもまず休学 175
社会人が起業するかどうかの判断 180
起業成功の秘訣はＴＴＰ 185
メンターの重要性 188

column05 コロナ禍は起業家にとって大チャンス …… 195
起業家Q&A ① …… 197

第6章 事業をつくる

ビジネスアイデアの発想法 …… 200
ビジネスアイデアのチェックリスト …… 206
なかなかアイデアが生まれない場合 …… 215
文化を変えるのは難しい …… 217
新規事業の成功確率を上げる鉄則 …… 219
column06 テックジャイアントに負けないスタートアップのつくり方(2) …… 224
起業家Q&A ② …… 237

第7章 スケールさせる

資金調達のタイミング……240
資本政策の注意点……247
資本政策はあと戻りできない……253
ピッチスキルを高める……256
ピッチの構成……260
資金調達後の落とし穴……264
column07 スタートアップはいきなりグローバル展開するな……269
起業家Q&A③……274

第3部 投資家と起業家

第8章 投資家と起業家が出会う

投資家と起業家をつなぐ …… 282
ベテラン経営者がエンジェル投資家になるという選択肢 …… 284
上場まで支援するプラットフォーム …… 286
投資家と起業家の良好な関係を築く報連相 …… 293

column08 コロナ禍が一変させたスタートアップの資金調達事情……297

おわりに……299

序　章

日本には「パワーエンジェル投資家」が必要だ

GDPの20%もの価値を生み出したアメリカの起業文化

日本とアメリカのスタートアップへの投資額は雲泥の差

日本のGDPは、アメリカ、中国に次いで世界で第3位です。しかし、アメリカや中国のGDPが上がっている一方で、日本は1990年代から停滞しています。世界で第3位とはいえ、今後もアメリカや中国との差はますます開いていくと容易に想像できます。

30年前と現在の世界時価総額ランキングを見ると（左頁参照）、30年前はNTTや三菱銀行といった日本企業が名を連ねていましたが、今ではそのほとんどがシリコンバレーに拠点を構えるテクノロジー企業に入れ替わっています。Apple・Microsoft・Amazon・Alphabet・FacebookなどのGAFAMをはじめとするテクノロジー企業は「テック・ジャイアント」とも呼ばれ、世界市場を席巻しています。30年前に

世界時価総額ランキングTOP15

平成元年（1989年）

順位	企業名	時価総額（億ドル）	国
1	NTT	1,638.6	日本
2	日本興業銀行	715.9	日本
3	住友銀行	695.9	日本
4	富士銀行	670.8	日本
5	第一勧業銀行	660.9	日本
6	IBM	646.5	アメリカ
7	三菱銀行	592.7	日本
8	エクソン	549.2	アメリカ
9	東京電力	544.6	日本
10	ロイヤル・ダッチ・シェル	543.6	イギリス
11	トヨタ自動車	541.7	日本
12	GE	493.6	アメリカ
13	三和銀行	492.9	日本
14	野村證券	444.4	日本
15	新日本製鐵	414.8	日本

平成31年4月（2019年）

順位	企業名	時価総額（億ドル）	国
1	アップル	9,644.2	アメリカ
2	マイクロソフト	9,495.1	アメリカ
3	アマゾン・ドット・コム	9,286.6	アメリカ
4	アルファベット	8,115.3	アメリカ
5	ロイヤル・ダッチ・シェル	5,368.5	オランダ
6	バークシャー・ハサウェイ	5,150.1	アメリカ
7	アリババ・グループ・ホールディング	4,805.4	中国
8	テンセント・ホールディングス	4,755.1	中国
9	フェイスブック	4,360.8	アメリカ
10	JPモルガン・チェース	3,685.2	アメリカ
11	ジョンソン・エンド・ジョンソン	3,670.1	アメリカ
12	エクソン・モービル	3,509.2	アメリカ
13	中国工商銀行	2,991.1	中国
14	ウェルマート・ストアズ	2,937.7	アメリカ
15	ネスレ	2,903.0	スイス

出典：平成31年版 Yahoo!ファイナンス　平成元年版 ダイヤモンド・オンライン
（https://diamond.jp/articles/-/177641?page=2）

GDPに対するVC投資額の割合

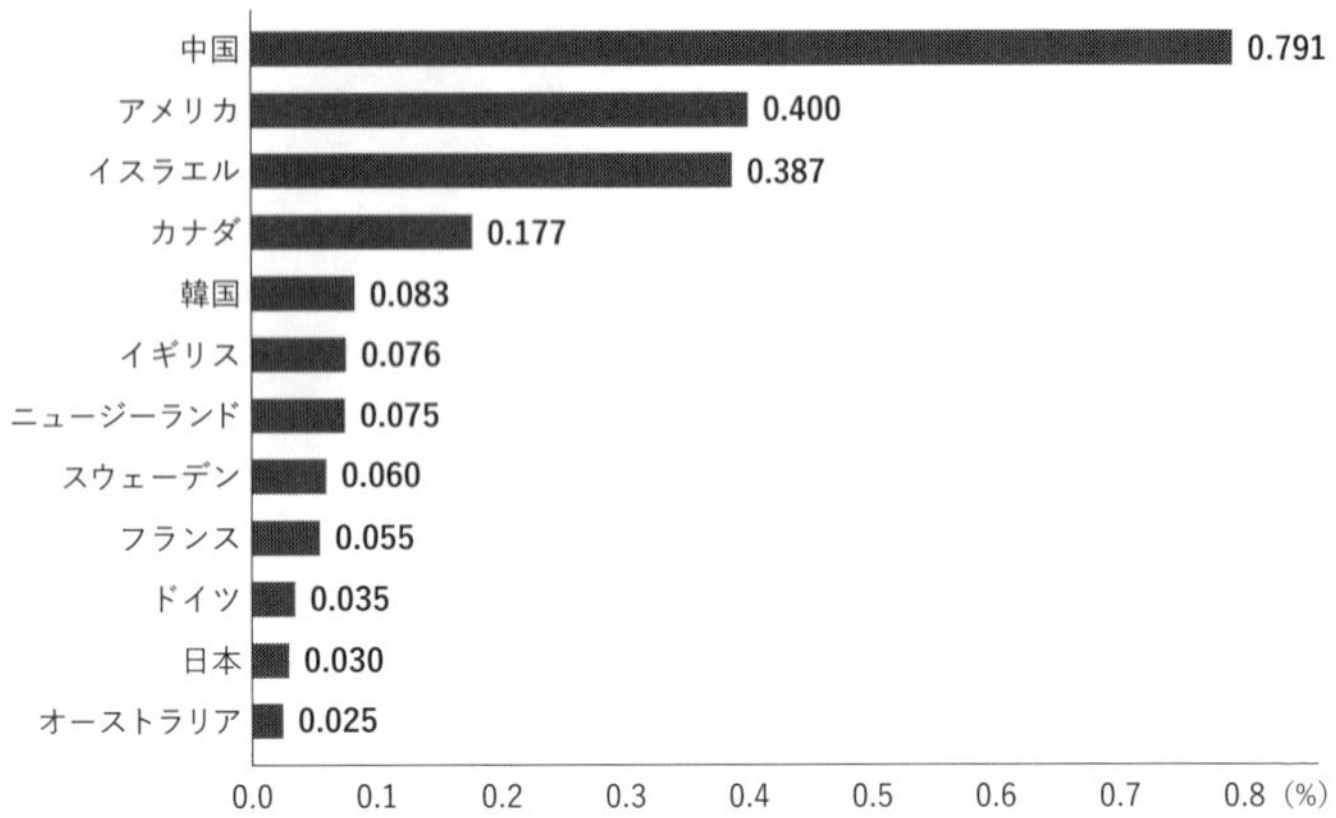

出典：OECD “Entrepreneurship at a Glance 2018”

はまったくランキングに載っていなかったこれらの企業が、あっという間にランキングを塗り替えたのです。ＧＡＦＡＭの時価総額を合計すると約４兆ドルになりますが、これはアメリカの年間ＧＤＰの約20%にあたります。この30年間にこれらの企業を生み出したことが、アメリカの国力を上げたと言っても過言ではありません。

　世界経済における日本の存在感がこれほど薄れてしまった原因はなんでしょうか。私は、スタートアップへの成長支援がアメリカや中国に比べて足りないことにその一因があると考えています。

資金面でいえば、アメリカの未上場企業への投資額は、日本の比ではありません。2019年に日本では、未上場企業への投資額が過去最高の3717億円になりました。しかし、アメリカでは年間約20兆円ほどの資金が未上場企業に流れています。その差は歴然です。また、GDPに対するベンチャーキャピタル（VC）投資額の割合の国別データ（右頁の図）を見てみると、最も数値が高いのが中国の0・79％、次いでアメリカの0・4％、日本は0・03％しかないことがわかります。日本のGDPは世界第3位ですが、GDPに対するVC投資額では10位以下という結果です。

2013年頃からスタートアップへの投資が急増している中国では、たとえば2020年に、大手IT企業であるテンセントが年間で168社に1兆8000億円を投資しました。たった1社で、日本のスタートアップへの年間投資額を上回る投資をしているわけです。2020年1月までには、テンセントの投資先800社のうち70社が株式公開し、160社以上が評価額1億ドル（約104億円）を突破したと報じられました。

投資額の差は、成功するスタートアップの数に大きく影響します。国別ユニコーン数を比較してみると、アメリカは216社、中国は206社と他国に比べてずば

国別ユニコーン数

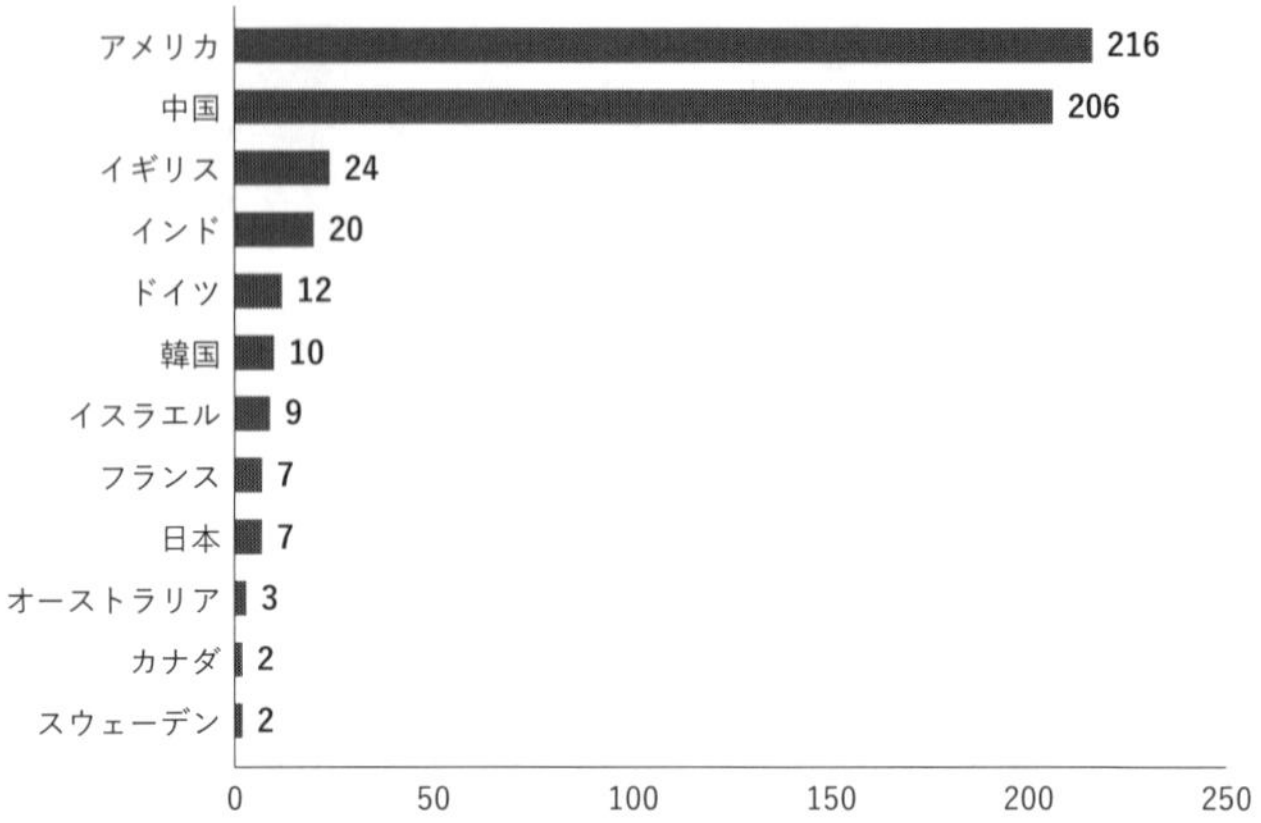

出典：CBInsights “Complete List of Unicorn Companies” , French Tech-Next40, 胡潤百富（2020 年）

抜けています（上図参照）。日本はわずか7社。ユニコーンになる前に東証マザーズ市場に上場できてしまうという日本特有の事情もありますが、大きく差がついているのです。

スタートアップの成長速度は加速する一方

もうひとつ世界のスタートアップ事情に関して注目に値するのは、スタートアップの成長速度が年々加速していることです。

２０２１年の時価総額で比較すると、１９２７年に創業したホテルチェーン、マリオット・インターナショナルの時価総額が約4・7兆円であるのに対して、2008年に創業した民泊最大手のAirbnbが約9・9兆円と約2倍になっています。また、1908年に創業した自動車メーカーのGM（ゼネラルモーターズ）が約8兆円であるのに対して、2009年に創業し配車サービスを展開するUberが約8・5兆円と同程度の時価総額になっています。時価総額がユニコーン級の10億ドルになるまでにかかった期間は、一般的なフォーチュン500の企業では20年ですが、1998年創業のGoogleは8年、2004年創業のFacebookが5年、Uberはわずか2年と、どんどん早まっています。

それを可能にしているのは、テクノロジーの進化と価値の在り方の変化です。マリオット・インターナショナルはこれまで、不動産やホテルを次々にM&Aして客室や不動産を増やすことで、企業価値を上げてきました。けれどもAirbnbは、客室も不動産も一切保有していません。既存の部屋を活用することで急成長を遂げました。GMはいかにたくさん車を製造し、いかにたくさん売るかを重要視していました。一方、Uberは車を1台も製造していません。モノを所有する必要がないために、短期間での急成長が可能だったともいえます。

今や、創業間もない企業が数年でユニコーンになる時代になっています。しかし、それを実現するには短期間で事業を大きくするための資金が必要です。アメリカではスタートアップ企業への投資を促すことで、ユニコーン企業が増え、それによりGDP向上につながっています。

一方日本は、アメリカに比べて未上場企業への投資額が2桁少なく、そのぶんユニコーンが生まれづらい環境にあります。

日本の企業が再び世界の時価総額ランキングに名を連ねるようになるには、未上場株投資、なかでもエンジェル投資家による「エンジェル投資」がもっと盛んになる必要があります。日本のエンジェル投資家の数は約1万人、その投資額は200億円程度と言われています。アメリカにおける2018年のエンジェル投資額は2・5兆円ほどですから、100分の1以下しかありません。

しかし、ただスタートアップにお金を投資すればいい、という話でもありません。私は、資金面以外でもエンジェル投資家がスタートアップを支援することで、起業の成功確率が上がり、日本からも世界的なスタートアップがどんどん出てくるはずだ、と考えています。日本の国力を上げるためにも、エンジェル投資家を増やし、スタートアップへの支援体制をつくっていかなくてはなりません。

大企業を守り過ぎる日本

ここで、各国の起業文化の違いに着目してみましょう。アメリカでは40歳以上の人が大企業を出て、業界の知見や人脈を活かしてスタートアップを始めるケースが多いのですが、日本ではスタートアップを始めるのは若い人というイメージがあります。

また、もともとスタートアップといえばシリコンバレーやサンフランシスコといった西海岸が中心でしたが、今ではニューヨークなどの東海岸で盛んになってきています。なぜかというと、きっかけは２００８年のリーマンショックです。リーマンショックでは、会社がなくなったりリストラされたりして、金融業界の多くの人たちが職を失いました。そういう人たちが「これからどうしようか？」と考えたときに起業するという選択肢を取ったことで、東海岸にもスタートアップ企業が次々に生まれていったのです。

日本の場合は、東芝やシャープ、ＪＡＬなどを見てもわかるように、大きな企業が潰れそうになったときには国が支援して生き長らえさせるケースが目立ちます。

それはそれで大義があって良いのですが、そのかわり人材の流動性は低くなります。ノウハウを持った優秀な人が同じ会社にずっと留まり続けるので、ノウハウが広がらず、業界の人脈や知見、技術を持った人材による起業がなかなか起こりません。これも日本で起業家が生まれにくい要因のひとつです。

人材の流動性が高いアメリカは、プロフェッショナル人材の層が厚いという特長もあります。

アメリカでは3年くらいで転職するのが普通です。さらに、転職時にはスペシャリストとして採用されます。日本では、営業として長く勤めている人が成果を挙げると、営業部署のマネージャーに昇格します。しかしアメリカでは営業で成果を挙げる人として採用されているので、会社側はマネジメントが得意だという認識はありません。営業のマネージャーに昇格するケースもありますが、大抵の場合、キャリアアップするためには「次は営業部署のマネージャーになりたい」と、違う会社の営業マネージャーに応募することになります。

転職がキャリアアップにつながると考えているので、次の職場で前職でのスキルや人脈を活かしたり（秘密保持契約で機密情報は守られます）、新しい会社の新しいポジションで新たなスキルを身につけたりします。

このように人材が流動することによって、プロフェッショナル人材の層がどんどん厚くなっていくのです。

「スタートアップ」とは何か

スタートアップはエグジットありき

日本では「ベンチャー企業」という言い方をしますが、アメリカではベンチャー企業とは言いません。日本での「ベンチャー企業」という言葉の使われ方としては、IT企業や新会社、若者が立ち上げた会社、新しいことをやっている小さい会社、というざっくりとした意味合いです。

「スタートアップ」と言われる企業体の本来の定義は「新しいビジネスモデルを開発し、ごく短期間で急激な成長とエグジットを狙うことで、一攫千金を狙う人々の一時的な集合体」です。

ここで言う「急激な成長」とはどのくらいでしょうか。シリコンバレーでは「週次成長率7%」と言われています。その会社における重要な指標（KPI）が7%以上成長し続けていることがスタートアップの原則なのです。

多くのスタートアップは、無料サービスのユーザー数を指標にしています。Chat-workのようなSaaS[※04]には「T2D3」という指標があります。サービス提供開始からの年間売上の伸びが、1・2年目はTriple（3倍）、3・4・5年目はDouble（2倍）で、5年後に72倍になっているか、という指標です。

シリコンバレーではひとつのプロダクトに注力して、社名とサービスを一致させている会社がほとんどです。エンジェル投資家が投資するのは、新しく会社ができたばかりのときが多いので、そもそもひとつのプロダクトしかありません。そのため、そのプロダクトのユーザー数などを指標にして成長を目指すことになります。

［※04］SaaS（Software as a Service：サース）
クラウド上につくられたアプリケーションやサービスをインターネットを通じて利用する形態のこと。

Chatworkは創業15年目にスタートアップとなった

私がシリコンバレーに移住したとき、Chatworkは創業12年目で社員は30人以上、ユーザーは100万人以上いました。日本から来訪された方には「Chatworkさんはすでに大きいから、スタートアップではありませんね」と言われていました。

当初、Chatworkは100%自己資本だけで経営していましたが、資金調達をすると上場しなければいけなくなります。2年連続で社員満足度が日本一になったこともあり、社員第一主義で経営していました。他人資本を入れると株主優先になってしまうと考え、他人資本は入れないというポリシーを掲げてきたのです。

ところが、後発のSlack［※05］などが次々に出てきて、数百億円単位の資金調達をして成長を加速させていく様子をまざまざと見せつけられ、「自己資金だけだと間に合わない」と思うようになりました。このままでは中途半端で終わってしまうかもしれない。社運や人生を懸けてまでシリコンバレーにチャレンジしにきているのに、中途半端で終わってしまうのはどうかと考えるようになりました。

役員会議で「自己資本にこだわって中途半端に終ってしまうくらいなら、思い切

［※05］Slack（スラック）
Slack Technology社が開発し運営しているSaaS型のビジネスチャットツール。

EC studio のしないこと14カ条

EC studioは創業当初の目的・目標を貫くため、しないこと14カ条を策定いたしました。
時代や経営環境が変わったとしても、以下の14項目を守り通すことをお約束いたします。

① ITを活用できないことはしない

経営にITを活用するIT経営実践企業の見本として、訪問営業や、電話営業をすることなくインターネット上のみで営業いたします。その他のあらゆる業務においてもITを経営に徹底的に有効活用する企業を目指します。

② 株式公開しない

ビジネスモデル的に設備投資は不必要であり、信用力向上による営業力もホームページを有効活用すれば、上場企業と対等に集客することができるうえ買収の危険性も防げるため株式公開いたしません。

③ 他人資本は入れない

経営理念、経営ビジョンの実現を貫くため、他人資本は入れません。

④ 経営理念を共感いただける会社としか取引しない

最も重要である経営理念を共感いただけない会社とは、収益が見込めるビジネスであったとしても取引いたしません。

⑤ 経営理念に沿わないビジネスはしない

収益が見込めるビジネスモデルがあったとしても、経営理念に沿わないビジネスはいたしません。

⑥ 特定の組織に所属しない

特定の組織に所属すると想定外のタスクが回ってくるため従業員第一主義の観点から特定の組織には所属いたしません。

⑦ スタッフをクビにしない

経営理念に共感し、経営ビジョン実現に向かっているスタッフをクビにいたしません。

⑧ 売上目標に固執しない

売上目標に固執することでスタッフに無理をさせる、お客様に迷惑をかけることから売上目標達成のための無理はいたしません。

⑨ サービス向上に妥協しない

ビジネスモデルが完成し、収益モデルに仕上がったサービスであったとしても常にお客様の立場に立ってメスを入れ、サービス改善を怠りません。

⑩ 守りに入らない

売上が安定して伸びている事業であっても時代遅れであったり、クオリティに満足がいかないサービスは積極的に提供を中止します。

⑪ 高価格なサービスは提供しない

時間、距離の概念がないコストゼロ空間であるインターネットを有効活用すれば、業務効率が上がり、コストを削減できるという考えから、ハイクオリティロープライスなサービス提供を目指します。

⑫ 会社規模を追求しない

インターネットを有効活用すれば業務効率が上がり、少数精鋭で運営できるという考えから会社規模は追求せず、サービスのクオリティを追及し、経営ビジョンの実現を目指します。

⑬ 日本にプラスにならない事業はしない

EC studioを創業するきっかけとなった「インターネットで日本を良くしたい」という創業当初の目的を忘れることなく、日本全体にプラス効果のあるサービス提供を目指します。

⑭ 日本市場だけにこだわらない

日本市場を最優先にしながらもインターネットは世界とつながっていることから、日本国内から世界に向けて積極的にサービス展開をおこなっていきます。

Chatworkの前身であるEC studioで定めていた「しないこと14カ条」

り大成功するか、派手に散るかのどちらかがいいのではないか。他人資本を入れても「社員∨お客様∨株主」という社員第一主義の方針は変えない。社員が満足してモチベーションが上がれば、お客様にもっと価値提供できる。そうしてユーザーが増え、利益が増えれば、結果的に株主は喜ぶわけだから他人資本を入れてみるのはどうか」と話しました。すると、「前からそう思ってましたよ！」と役員たち。15年間、100％自己資本で経営してきましたが、そこにこだわっていたのは私だけだったことが判明し、わずか5分で方針転換が決まりました。それからは、今までまったく興味のなかった資金調達活動に奔走し、1回目は3億円、2回目は15億円、計18億円の資金調達をして、上場を目指すことになったのです。

2000年の創業から15年経っていましたが、VCから資金調達をしたその瞬間から、Chatworkは「スタートアップ」になりました。本来のスタートアップの定義からすると、そうなるのです。スタートアップはエグジットありきです。なおかつ「今までにないイノベーションを通じて、人々の生活と世の中を変えること」という定義も入ります。

つまり、普通に飲食店を始めることはスタートアップとは言いません。そのような会社は、スモールビジネスに分類されるでしょう。

スタートアップはプロ野球のチームづくり

スタートアップの起業を野球にたとえると、最初から「プロ野球で日本一を目指す」という目的で、チームづくりから練習方法、対戦相手の分析、試合の組み方を考えるようなものです。

最初からいい選手はいないかもしれませんが、次々にいい選手を入れて、ダメな選手には戦力外通告をして辞めてもらうことになります。同じ野球であっても、それが草野球であれば、最初からいる人が「長くいるから」という理由で試合に出続けることがあるかもしれません。しかし、スタートアップは投資を受けて赤字を垂れ流しながらも急成長を求められるので、試合の負けは企業の生死に直結します。だから、成果の出ない選手をいつまでも雇う余裕はありません。

そのような事情もあり、シリコンバレーのスタートアップでは、CEO以外の全員が1年半で6回入れ替わることもあります。

シリコンバレーのスタートアップにコンサルティングをしてもらったときのこと

です。彼らは自社プロダクトの開発のほかに、マネタイズの手段としてマーケティングのコンサルティング事業も手掛けていたので、お願いしたのです。けれども、コンサルタントが毎月代わるので、クライアントである私たちが前月のコンサルティングの内容を次のコンサルタントに引き継がなくてはなりませんでした。

金曜の夕方に呼ばれたら解雇通知

シリコンバレーでは、金曜日の夕方にミーティングの予定が入っていないにもかかわらず、上司に「ちょっといいかな」と呼ばれたら、それは解雇の話です。声をかけられた部下は、「あぁ、終わった」と思うようです。ただ、アメリカ人は3年に1回のペースで転職するのが普通という感覚なので、日本人よりも解雇されたときの精神的ショックは少ないかもしれません。

金曜日のランチタイムに外に食べにいって、戻ってきたらセキュリティロックされていてオフィスに入れないこともあります。警備員が「あなたはクビになったから、もう入れないよ。段ボール箱に荷物を詰めてあとで送るから、このまま帰ってください」と言うのです。

また、解雇が頻発するアメリカでは、大企業でもスタートアップでも給料日は15日と月末の月2回払いです。なぜかというと、コストカットのために解雇するのに、月初に解雇しても1カ月分の給料を支払うのでは本末転倒だからです。私たちは、Chatworkにアメリカ人社員を採用したのがアメリカに子会社をつくって2年目だったので、その事実に気づくまでには1年以上かかりました。スタートアップの中には毎週金曜日が給料日の会社もあります。金曜日を乗り越えたら、来週末まで雇用されることが決まるのです。

私は渡米した当初、シリコンバレーでも日本でのやり方と同様に、経営理念やビジョンに共感してくれて、一生懸命頑張っている社員をクビにしないつもりで経営していました。しかし、あるときアメリカ人社員にその話をしたら、「できない社員のために、私の給料が減っているんじゃないか？」と怒り出したことがありました。

そのとき、これはもう日本とアメリカでは経営に対する考え方を根本的に変えないとダメだと思ったのです。アメリカでは、雇用を守ることが悪なのではないかと思うほど、できる人しか会社に残らないし、残れない文化なのだと痛感させられました。

日本での経営経験は脇に置いておき、経営者の赤ちゃんとしてもう一度アメリカでイチから学ぼうと考え方を切り替えました。

アメリカと日本を行き来しだした当初は、車の運転も右ハンドルと左ハンドルで頭の切り替えをするのに、30分くらいかかっていました。でも何度も行き来していると、車に乗ってすぐに頭を切り替えられるようになります。

経営についても、昼はアメリカの経営、夜は日本とビデオ会議があるので日本の経営と、モードを切り替えながら対応していました。日本の社員にはしない解雇も、アメリカ人社員には金曜日の夕方に声をかけて行ったこともあります。

いつ誰に辞められるかわからない

日本人から見ると、いつ解雇されるかわからないアメリカの雇用環境は厳しいように思うでしょう。しかし逆もまた然りで、経営者からしても誰にいつ辞められるかわからないのです。要職に就いているAppleのプロダクト開発チームのトップがTeslaに転職した事例があるように、役員クラスでもサクッと競合に転職することがあります。

シリコンバレーでは優秀な人ほどさらに良い勤務条件を求めて、どんどん転職していきます。長年同じ雇用条件下で働いている人は、アメリカでは「この人は大丈夫か？」と思われてしまいます。

Chatworkに入社して半年のアメリカ人社員が「Chatworkはいいツールだから、次の職場でも使わせるように言うわ」と言ってきたこともありました。「まだ入社半年なのに、当たり前のように辞める前提で話をしてくるのか」と心のなかで思いましたが、「そうだ、ここはアメリカだった。日本にいる感覚で腹を立ててはいけない」と思い直しました。

日本企業でなかなかDX[※06]や働き方改革が進まない大きな要因のひとつは、基本的に社員が同じ職場に長く勤めてくれるからです。

セールスフォース[※07]が日本でなかなか普及しなかったのも同様の理由です。アメリカでは営業担当が自分の持っている顧客リストや営業成績をクラウドに上げないと評価されません。だから、セールスフォースを使わざるを得ないのです。会社がセールスフォースを強制導入するのは、社員がいつ辞めるかわからない環境で、営業リストを持って競合に行かれてはたまらないからです。すべてクラウドに上げさ

[※06] DX（デジタルトランスフォーメーション）
ＩＴの浸透が、人々の生活をあらゆる面でより良い方向に変化させるという概念。

[※07] セールスフォース
アメリカに本社を置く株式会社セールスフォース・ドットコムが提供するクラウド型の顧客管理・営業支援プラットフォーム。

せておけば、いつ誰が辞めても次の人がすぐに代わりになれるというわけです。アメリカの会社では、次々に社員が入れ替わることを前提に、新しい人が入ってきたときのマニュアルやクラウド環境を整備しているのです。

野球のポジションのように役割が明確なアメリカの働き方

日本企業では、社員は新卒採用されてから3年ほどいろいろな部署をグルグル回ってから特定の部署に配属される会社もあります。野球のポジションでたとえると、ピッチャー、キャッチャー、内野手、外野手と、いろいろなポジションを経験した上に配属された部署で長年勤めているので、転職をする際には引き継ぎに1カ月～数カ月間かかるほど大変です。

一方アメリカでは、大学生のときにピッチャーはピッチャー、キャッチャーはキャッチャーといった自分のポジション（職種）を決めて、その職種のインターンを探し、学生時代のうちに本気で働きます。なぜインターンに本気になるかというと、アメリカには日本のような新卒採用はなく、大学を卒業したばかりの社会人1年生とその職種でキャリアを積んだ中途採用候補者が同じ土俵で就職活動をするからです。

つまり、大学時代のインターンで経験を積んでスキルを磨かなければ、中途採用候補のライバルに勝てず、希望する職種で採用してもらえないのです。

日本にもアメリカからインターン制度が入ってきましたが、日本とアメリカはそもそもの労働環境が違うので制度だけ持ってきてもうまく機能しません。日本のインターンは大学生の就業体験の域を脱していません。学生からすれば別の企業に就職するためのネタづくりになっていたり、企業側からしても優秀な学生を青田買いするための手段になってしまっていたりします。成果主義の考え方が日本に入ってきて、うまくなじまなかったのも同様の理由です。進んでいるシリコンバレーの制度やシステムを参考にするのはいいのですが、労働環境の違いを加味した上で導入しないと、本来の効果は得られません。

アメリカはエンジェル投資の歴史が長い

アメリカでは仕事に対してこのようなスタンスなので、会社を転々としてキャリアアップしていきます。経営者でさえも、会社のステージ（創業期、成長期、成熟期、衰退期）に合わせてバトンタッチすることがよくあります。

そして、アメリカでの上場は日本の東証マザーズへの上場と比較すると非常にハードルが高いので、上場するよりも大手企業にM&Aされるケースが多くなります。創業者は会社売却後2年間のロックアップ（辞められない期間）が終わったら、お金も時間もあるので、シリアルアントレプレナーとして新たに起業したり、エンジェル投資家になって次の世代を支援したりするのです。

日本でもようやくエンジェル投資家として活動する1〜1・5世代目が生まれてきていますが、アメリカでは3〜4世代前からのエンジェル投資家の層が厚く、資金やネットワークが充実しています。日本の場合は新興市場の東証マザーズがあり、アメリカに比べて上場しやすいので、エンジェル投資家の中にも上場企業経営者が多くいます。そのような人たちは自社の株価を上げるために日々忙しいので、なかなか投資先の支援にまで手が回らないのが現状です。

起業家支援層の厚いアメリカでは、資金や経験、人脈の豊富なメンターが社会貢献のためにスタートアップを支援しています。

Chatworkもシリコンバレーでメンターについてもらい、「日本ではKDDIと提携してうまくいったので、AT&Tやベライゾン・コミュニケーションズなどアメリカの大手携帯キャリアに売り込みたい」と相談したことがあります。紹介されたメンターは引退こそしているものの携帯電話業界の重鎮みたいな人だったので、シリコンバレーに進出している世界中の携帯キャリアの重役の連絡先を知っていました。「このリストに載っている重役は全員紹介できるけれど、誰に会いたい?」と問われたとき、支援体制の層の厚さを実感しました。若手起業家にギブの精神で活動しているメンターが3〜4世代にわたって充実していることが、シリコンバレーのひとつの強みになっています。

エンジェル投資とは

エンジェル投資は自分次第でリスクを下げられる投資

エンジェル投資は親しい間柄で内々に行われることが多いため、正確なデータはありませんが、エンジェル投資家としての経験がなく、友人・家族から出資を依頼されて投資した会社がエグジット（IPO・M&A）する確率は1万分の1よりも低いでしょう。当初からエグジットを想定してスタートアップにエンジェル投資している会社でも、成功する確率は100社に1社以下という前提で出資しています。

しかし、私に言わせれば、エンジェル投資はハイリスク・ハイリターンなギャンブルではありません。エンジェル投資は、投資先の目利きと投資後の支援次第でリスクを下げられる投資であり、ミドルリスク・ハイリターンにできるものです。投資信託であればうまくいった場合でも3〜10%、株式投資なら1・5〜3倍程度ですが、エンジェル投資は10〜1000倍という桁違いのハイリターンになるところが魅力です。

私は2015年から個人で計7社にエンジェル投資をしていますが、現在でも7社すべてが生き残っており、成長を続けています。旅行関連のスタートアップはコロナ禍で売上が99%下がり、瀕死の状態になりましたが、サポートし続けてなんとか危機を乗り越え、2億円の追加調達が決まりました。コロナ禍による打撃は大きかったのですが、大きな危機が来たことでコスト削減や組織体制を強化でき、ワクチンの接種率向上による旅行需要の反動を受けて、コロナ以前よりも強い会社へと成長しました。

エンジェル投資家として成功する

エンジェル投資と聞くと、エグジットを経験した人だけができる投資手法だと思うかもしれません。けれども、アメリカではエグジットを経験していなくてもエンジェル投資家として成功している人がいます。

著名なエンジェル投資家のギャリービー［※08］は、ユーチューバーでインフルエンサーでもあり、また自己啓発家です。ソ連から亡命してきた祖父がつくったワイン会社を父から引き継いで急成長をさせました。その後も立て続けに事業を立ち上げ、その資金をもとにTwitterやFacebook、スナップチャットなど、SNSの伸びている会社に初期投資をして、今ではエンジェル投資家として莫大な資産を築いています。

［※08］**ギャリービー**
本名はギャリー・ヴァイナーチュック（Gary Vaynerchuk）。アメリカの連続起業家。

身近な人を応援するという魅力

金への現物投資やFXなども資産運用の手段であり、資産が増える結果を求める点では同じですが、自分の日常とは遠いところでの出来事によって結果が変わる投資です。

一方、エンジェル投資は身近な起業家を応援するという性質を持ちます。創業者と直接契約を交わして投資し、経営陣の一員になったような感覚で創業者を応援できるので、身近に感じられることも魅力です。

エンジェル投資というのは特殊な手続きが必要だと思われがちですが、投資を受けたい人と投資をしたい人が契約書を交わして投資資金を銀行口座に振り込めば成立します。投資先がエグジットをしたら、投資先の会社はより大きくなり、自分にもリターンが入り、そして社会に必要とされるサービスやプロダクトが普及していくので社会にとってもよし、という近江商人の「三方よし」が成立する投資なのです。

投資家が得られるものと投資家に求められるもの

エンジェル投資家が得られるもの

エンジェル投資家が得られるものとしてわかりやすいのは、投資が成功したときの大きなリターンです。初期段階から投資をしてエグジットしたら10～1000倍になります。また、自分の本業とは別の事業に投資をするケースでは、自分が知らない分野であっても経営陣の一員になったかのように、事業報告を受け、ときにはミーティングに参加してその事業の経営を疑似体験できます。そこで得た知見をまた自社のビジネスに活かせるので、そういう意味ではビジネスのスキルアップにもつながります。

また、エンジェル投資は若い起業家に投資をすることが多いため、頑張っている若手起業家とのネットワークができ、これまで入ってこなかった最新のトレンド情報を知ることができたり、若手とのネットワークが広がったりするメリットがあります。

長年同じ業界で働き、似たジャンルの人と情報交換しているとマンネリになりますが、10歳、20歳下の若者に投資をすることによって刺激になるでしょう。相手は株主として見てくれていることもあり、「あれはどうなっているの?」と聞けばいろいろと教えてくれたり、その新しいジャンルに強い人を紹介してくれたりすることもあります。逆に経験を通して得た知見など、エンジェル投資家から与えられることもたくさんあります。投資家と起業家はお互いに与え合う関係なのです。

さらに、同じ企業に投資をしているほかのエンジェル投資家との横のつながりができるのも魅力です。

エンジェル投資をしている人はそれぞれの業界で成功している人が多く、分野がまったく違う人でも同じ投資先を応援していることから仲良くなりやすいのです。

私もエンジェル投資を通じて、金融業界の第一線で活躍する人と仲良くなりましたが、これは嬉しい誤算でした。私は、ビジネスは好きなのですが、数字がもともと苦手で、タイプがまったく違う金融業界の人たちと友達になれるとは思っていませんでした。けれども、投資先が同じであることで「ゴールドマンサックスに10年間いました」とか「M&Aや投資を本業としてやっています」という人が「今度遊びに行かせてもらっていいですか」と声をかけてくれ、つながることができました。

エンジェル投資家に求められるもの

エンジェル投資家に求められるものとしては、創業段階の企業への投資はリスクが高いので、リスクをとれるだけの余裕資金が必要です。一社あたり数十万円から数百万円の規模で投資することになりますが、1社ではリスク分散できないので最低でも数社に投資する必要があります。

また、エンジェル投資家はVCと違い、自分だけで投資の意思決定ができるため、起業家からはスピード感を期待されています。投資するか否かの判断や、投資の契約書を確認して契約を締結し、お金を払い込むまでのスピード感は大事です。

また、あると好ましいのが経営経験です。その知見や人脈を提供できれば投資先であるスタートアップの成功確率は上がります。究極的には、次の資金調達ラウンドでアプローチするエンジェル投資家・VCが「この投資家が投資しているなら私も投資したい」と思うような、エンジェル投資家としてのレピュテーション（評判）

があることが好ましいです。そのためにはエンジェル投資家としての実績が必要なので、一朝一夕にはいきませんが、そのような状態に到達すると次から次へと自動的に優秀な起業家を紹介してもらえるようになります。

起業家と投資家の両方を経験して

資金調達してエンジェル投資の世界を知った

Chatworkが、シリコンバレーのど真ん中にいながら自己資本だけで戦っていたところから、周りの競合たちと同じ戦い方をする方向に舵を切ったことは前述した通りです。Chatworkが資金調達してから、私の世界は大きく変わりました。こんな世界があったんだ、と認識が180度ひっくり返ったのです。

資金調達をしたことで、新たなビジネスの戦い方を知りました。資金調達をして一気にスケールさせる戦い方です。その世界を知ってまもなくすると、毎日のように日本から「会いたい」とやってくる優秀な起業家志望の学生に、自分でエンジェル投資してみるのもおもしろいかな、と思うようになりました。資金調達する前はエンジェル投資の世界にまったく興味がなく、やってみようという発想すらありませんでしたが、その頃から自己資産のなかから100〜400万円の範囲で優秀な学生にエンジェル投資をするようになりました。

初めての投資先は、シリコンバレーのChatworkにインターンとして2週間来ていた学生でした。1回目と2回目の投資先である学生たちに関しては、私と出会っていなかったら起業していなかったかもしれませんし、起業していたとしても今のビジネスモデルではなかったでしょう。私と出会って、私がエンジェル投資したことで起業することになったので、彼らの人生が大きく変化するターニングポイントになったことは間違いありません。

エンジェル投資していいのは上場経験者だけ？

「はじめに」でも触れた通り、日本には「エンジェル投資はエグジットを経験した人がやるべき」という風潮があります。ましてや、スタートアップ起業家がエンジェル投資をするのはまだ早いと思う方が多いでしょう。けれどもアメリカでは、Zoom[※09]の起業時に同世代の起業家がシンジケート[※10]を組んで投資をしていました。そのため、起業家たちはZoomの上場時に莫大なリターンを得て、それが彼らの次の事業の資金になったのです。

「エンジェル投資は自分の会社をエグジットさせてから」と言われる背景には、「上場までは投資家のお金を預かっているのだから、自分の会社を上場させることに集中すべき」という投資家側の言い分もあるでしょう。私もChatworkの上場前にエンジェル投資をしていたときに「Chatworkをマザーズに上場させるだけでも大変なのだから、スタートアップの支援をしている場合じゃないでしょ」という指摘を受けたことがあります。

確かに上場を経験した経営者だからこそ目利きができたり、上場までのプロセスをアドバイスできる側面はあるでしょう。しかし、エンジェル投資を受けるフェーズにある、創業したばかりの起業家からすると上場企業の経営者は雲の上の存在です。素晴らしいアドバイスや経験を共有していただけるのですが、ステージが違い過ぎたり、ＩＰＯのトレンドも日々変化しているので、その経営者が上場したとき

[※09] Zoom
アメリカに本社を置く、オンライン会議ツール、Zoomを展開する会社。Zoom Video Communicationが正式名称。

[※10] シンジケート
複数の投資家が共同でスタートアップに投資する仕組みのこと。

とは状況が変わっていることもあります。

少しだけ先に進んでいる先輩起業家から今の課題をどう乗り越えたかを学ぶことも、非常に効果的なのです。エグジット経験がなくても、自身のビジネス経験や業界のつながりなどから、投資先の起業家が知らないことやわからないことを教え、投資家として支援することは可能なのです。

「パワーエンジェル投資家」が日本再生の鍵

シードVCのスタートアップ支援が難しい背景

投資を受けるならエンジェル投資家からではなく、プロダクトの構想段階やプロトタイプ[※11]ができた段階（シード期）のスタートアップに投資するシードVCから受ければいいのでは、と思うかもしれません。もちろんそのような選択肢もありますが、支援を受けたい場合、シードVCは必ずしもよい選択とは言えません。V

［※11］プロトタイプ
ビジネスアイデアを検証するためにつくる試作品のこと。

Cというビジネスモデルには構造上の課題があり、スタートアップのシード期の支援は難しいからです（工夫をして、しっかりスタートアップを支援しているシードVCもあります）。

シードVCは、事業会社や個人から出資を受けて、5～10億円のファンドを組成します。そのファンドからスタートアップに投資して、エグジットしたときに売却した株のリターンを得るというモデルです。しかし、一般的にはスタートアップに投資してからエグジットまで、5～10年かかります。その間のVCの運営費用は、ファンドに出資している事業会社や個人から支払われる管理報酬からまかなわなければいけません。管理報酬の額はファンドによって多少異なりますが、ファンドサイズ×2％程度というのが一般的です。5億円のファンドならば、その2％は年間1000万円です。1年目はその1000万円からVC運営にかかる費用（たとえば、ウェブサイト制作費やオフィスの家賃、スタッフの人件費など）を捻出する必要があります。

その結果どうなるかというと、1号目のファンドで早々に20社ほどに投資し終え、2号目はファンドサイズを大きくして、1号＋2号と管理報酬を積み上げることで収益を増やしていかなければいけない構造になっているのです。

また、シード期のスタートアップはプロダクトがまだ完成していなかったり、起業家も未熟だったりして支援するには工数がかかります。ＶＣは10社に1社ホームラン（ＩＰＯ）が出たらリターンが出せるので、有望な起業家に１０００万円前後をポンポン投資して青田買いします。そうすると、支援先はどんどん増えていくので、すべての起業家に対して手厚いサポートはできないのです。

「パワーエンジェル投資家」の定義

スタートアップを格闘技にたとえると、総合格闘技です。総合格闘技の試合ではボクシングだけが強くても、投げ技や関節技をかけられたら一瞬で負けてしまいます。それと同じで、スタートアップが成功するには次のすべてができている必要があります。何かひとつ欠けるだけで死んでしまうのです。

- ●経営者のビジョン
- ●ビジネスアイデア

- チーム
- デザイン
- プロダクト開発力
- マーケティング
- ブランディング
- マネジメント
- ファイナンス
- プライシング
- タイミング

ビジネスチャットツールであるChatworkの前に開発していたプロダクトはとてもよいコンセプトでニーズもありました。しかし、Googleに対抗するサービスだったので、プライシング（価格設定）をGoogleの基準に合わせたところ、課金するユーザーがほとんどおらず、2年間かけてつくったサービスを閉鎖するしかありませんでした。

このように、プライシングひとつでサービスが死んでしまうのです。投資家がお金を与えて「あとは頑張ってね」でエグジットまで到達する起業家がポンポン出てくるはずがありません。

エンジェル投資家はお金を入れるだけでなく、知識面などでも起業家の足りない部分をフォローする必要があります。スタートアップ業界は多産多死モデルになっていますが、適切な支援があれば死なずに済む企業は多いのです。つまり、エンジェル投資家が支援すれば、起業家の成功確率は上がるのです。

そこで、「資金＋人的ネットワーク＋ビジネス経験を提供でき、投資先を次のステージへとあと押しできるエンジェル投資家」を、本書では「パワーエンジェル投資家」と定義します。

エンジェル投資はギャンブルではありません。「投資したからには絶対に自分が成功させる」という気概を持ったパワーエンジェル投資家を増やすことが、日本再生の鍵になると私は考えています。

第 1 部

投資家

エンジェル投資家を増やすことが大事とは言っても、日本では「エンジェル投資」の知名度はさほど高くないようです。それ自体は知っていても、企業経営者ですら、自分とは関係のないものだと捉えている人もいます。それは、エンジェル投資という活動の実態が外からは見えにくいことにも原因があるでしょう。

第1部では、エンジェル投資がどういうものなのかを、「探す」「見抜く」「投資する」「支援する」というプロセスに分けて具体的にお話しします。

第1章

探す

エンジェル投資を始めるときの難しさ

日本でエンジェル投資家が増えない理由として、エンジェル投資は難しいと感じている人が多いことが挙げられます。難しいと感じる理由としては、普段スタートアップとの出会いがないこと、投資先との付き合い方がわからないこと、起業家のほうが投資家よりもこなれていることが挙げられるでしょう。エンジェル投資家を増やすには、これらの問題を解消していく必要があります。ひとつずつ見ていきましょう。

①スタートアップ起業家との出会いがない

エンジェル投資に手を出せない最も大きな理由は、「スタートアップ起業家との出会いがない」ことではないでしょうか。

エンジェル投資をするには、そもそも優秀な起業家と出会う必要があります。しかも、どんなに優秀な起業家であったとしても、1人だけ見つければいいという話でもありません。一般的にスタートアップの成功確率が低いことを考えると、選択肢がないことはリスクです。やはり普段から優秀な起業家、しかもスタートアップとして上場を目指している起業家に次々と出会えることが理想です。

しかし、エンジェル投資家として活動を始めても、そういった見込みのある起業家にはなかなか出会えないのが実情です。

なぜなら、優秀な起業家は起業家同士の横のつながりや先輩起業家たちからの紹介で、著名なエンジェル投資家やＶＣに集まるからです。あの投資家は会社を上場させた経験がある、あの投資家に資金を入れてもらった先輩起業家がうまくいっている、などと聞くとその投資家のまわりに起業家が集まるようになります。

だから、いざエンジェル投資を始めたいと思っても、スタートアップをエグジットさせた経験がないと、いい投資先になかなか出会うことができないのです。

しかし、「エンジェル投資」という言葉が日本でも徐々に市民権を得るようになり始め、エンジェル投資先を探せるウェブサイトがいくつか登場しています。そのなかでも代表的なのが、後に詳しくお話しする株式投資型クラウドファンディング［※12］でしょう。「数万円から数十万円で誰でもスタートアップに投資ができるから」

［※12］株式投資型クラウドファンディング
未上場企業の株式を多数の投資家が少額ずつ購入できるプラットフォーム。

と、サービス利用者が増えているようです。しかし、ひとつ注意点があります。それは、株式投資型クラウドファンディングの投資案件はエンジェル投資家やVCから資金調達できなかったスタートアップの案件である可能性があります。

もちろん、株式投資型クラウドファンディングを使って資金調達をして成功するスタートアップはあるかもしれません。しかし、エンジェル投資に限らず、物事の原則として、良い話は誰でもアクセスできる場所には公開されないものです。本当に優秀な起業家は、一般公開して募集しなくても資金を集められる（集まってしまう）のです。

②投資先との付き合い方がわからない

運良く優秀な起業家にエンジェル投資できることになったとします。エンジェル投資自体はお金を出せば成立しますが、投資したからにはやはり成功してもらいたいと思うものです。

自分にエグジット経験がない場合、投資したあとに投資先と一緒に歩む道のりは初めてのことだらけになります。次の資金調達をどうするか、どのような事業をつくり、どうなればエグジットできるのかがわかりません。

登山にたとえると、富士山に登頂したことのない人が、なんの準備もせず、いきなりガイドなしで富士山に登ろうとするようなものです。そんなことをすれば、高山病になったり、足を痛めたり、凍えてしまったりするでしょう。登頂した経験のあるガイドがいないと、いきなり自分だけで登頂するのはやはり難しいものです。

またこれは初めての恋愛に近いところもあります。何社もエンジェル投資をすると、いろいろな起業家がいることを知り、「こういう起業家が伸びる」と徐々にわかってきます。

初恋の人と結婚することは稀でしょう。こういう人が自分に合うかもしれないと思って付き合ってみたらまったく性格が合わなかったということは、よくある話です。少なくとも3人くらいは付き合ってみないと、結婚するときもこの相手でいいのか確信できないまま結婚することになってしまいます。

エンジェル投資も同様に、少なくとも3社の投資を経験しないと、エンジェル投資という活動を理解することはできないでしょう。

③起業家のほうが投資家よりもこなれている

エンジェル投資を始める難しさの3つ目に、投資家よりも起業家のほうがこなれていることがあります。

一般的には、新人のエンジェル投資家が起業家に出会うより、新人の起業家がエンジェル投資家やVCにアプローチするほうが簡単です。そのため、起業家のほうが新人投資家よりも交渉経験が豊富で、こなれているのです。

エンジェル投資家のほうが人生経験やビジネス経験が豊富であったとしても、エンジェル投資については素人という場合、交渉に慣れている起業家から聞いたことのないキーワードが出てきて焦ったり、提示された条件が適切なのか判断できなかったりして、割高で投資してしまうことはよくあります。

投資先と出会う方法

起業家や投資先と出会うには、どのような方法があるのでしょうか。ここでは、その方法の良し悪しにかかわらず、すでにお話しした株式投資型クラウドファンディングを含めて、投資先と出会う方法を挙げてみます。

①エンジェル投資家ポータルサイト

自分がエンジェル投資家として露出できるウェブサイトはいろいろありますが、「ANGEL PORT（エンジェルポート）」が最もおすすめです。エンジェルポートはスタートアップ向けにつくられていて、エグジットを目指している起業家が比較的多く集まっています。エンジェル投資家になりたい方は、まずはエンジェルポートに登録しておいたほうがいいでしょう。

ほかにもエンジェル投資のサイトはありますが、掲載されている内容を精査しないと、カフェを開業する費用やサイト制作費に投資してくださいという、到底スタートアップとは言えない募集もあるので注意が必要です。それはエンジェル投資ではなく、本来は貸付に分類されるもので、株を渡すことで返済しなくていい資金を調達したいだけです。そういう起業家に投資をするとエグジットできず、株を永遠に売却できないという事態になります。

出会う方法② SNSやコワーキングスペース

業界で著名な方でも、エンジェル投資家としての知名度がなければ、エンジェル投資家としての発信や露出をしていく必要があります。

普段からSNSを使っている人がエンジェル投資を始める場合は、この人に投資してもらいたいと思われるように意識して、SNSに投稿していきましょう。SNSはいつどのタイミングの投稿を見られるかわからないので、どの投稿を見られても大丈夫という状態にしておく必要があります。

また、コワーキングスペースに顔を出すのもひとつの方法です。起業家は事務所を借りるお金がないので、コワーキングスペースを使っているケースも少なくありません。投資家もそこでスペースを借りることによって、起業家との横のつながりをつくるチャンスがあります。

出会う方法③ 株式投資型クラウドファンディング

すでに登場した、株式投資型クラウドファンディングも方法のひとつです。読者の中には経営者ではない人や個人的に少額でエンジェル投資をしてみたい人もいらっしゃるでしょう。そういう場合に、エンジェル投資を体験したりスタートアップ投資に慣れたりといった目的で利用するには良い手段です。

すでにお話ししたように、株式投資型クラウドファンディングで募集されている投資案件は、著名なエンジェル投資家やＶＣから調達できなかった案件である可能性があります。しかし、新たな資金調達方法として盛り上がってきていることも事実です。投資家とのつながりがまだあまりない起業家が最初の調達方法として選ぶケースや、株式投資型クラウドファンディングサービスの経営陣とのつながりから参加するケースもあるでしょう。しっかりと案件を見極めれば、エグジットする可能性もあります。

ただ、一般的なエンジェル投資の場合は株主が数名ですが、株式投資型クラウドファンディングの場合は株主が100名以上の規模になります。起業家とのコネクションが薄くなってしまうことや、100名以上の株主を意識しながらでは、変化の激しい環境でスピード感を持った経営ができないといった懸念点はあるでしょう。

出会う方法④　エンジェル投資家からの紹介

何社かエンジェル投資をしていると、同じスタートアップに投資した縁で投資家仲間ができます。気心の知れた投資家仲間からの起業家紹介はとても筋が良いものです。

自分が出会った起業家への投資を検討する場合は、自分でしっかりとその起業家やビジネスを評価する必要がありますが、信頼できる方に紹介された起業家ならそのプロセスを飛ばすこともできます。紹介してくれたエンジェル投資家自身も投資する投資先なら、なおさらおすすめです。

私もこれまで、自分が投資することを前提としてエンジェル投資家やVCにスタートアップを何度も紹介してきましたが、ほぼすべてのスタートアップが紹介先から投資を受けていま す。

出会う方法⑤　イベント

新型コロナウイルスが流行する前は、スタートアップの資金調達案件はほとんどが東京に一極集中していました。しかしコロナ禍で、東京を始めとした全国各地のリアルイベントや対面での面談がなくなり、Zoomなどのビデオ会議ツールを通したやり取りが増えました。そのため、現在では地方の起業家にもエリアのハンデなく資金調達できるチャンスが広がっています。

Zoomで開催されるピッチ［※13］イベントも多いので、どこからでも参加できますし、VCとの面談もZoomでできるようになりました。これは大きな変化です。

また、「SmartPitch（スマートピッチ）」といった、ピッチ動画をアップしてVCから逆オファーをもらえるプラットフォームも出てきています。イベントを通した資金調達の事例が増えてきているので、投資家にとっても選択肢が広がっています。

［※13］**ピッチ**
スタートアップや起業家が投資家などに対して自社のサービスをプレゼンテーションすること。

探さなくても向こうから来る状態を目指す

エンジェル投資先を探す方法をお伝えしてきましたが、究極的には自ら探さなくても起業家側からアプローチされる状態が理想です。

エンジェルポートでも、登録したばかりのときは新着エンジェル投資家として紹介されるので何件かアプローチは来ますが、時間が経つと埋もれていって連絡が来なくなります。

エンジェル投資家として活動していることを認識してもらうひとつの方法として、投資先が資金調達したときに打つプレスリリースに投資家としてコメントを載せてもらう方法があります。同じラウンドで投資したエンジェル投資家が著名な方であれば、同じ場所にコメントが掲載されることによって、その方の知名度をお借りするかたちでエンジェル投資家としての自分の名前を認知してもらうきっかけにもなります。

エンジェル投資家としての活動を認知されることも大切ですし、時間はかかりますが投資後に起業家に貢献していくことでエンジェル投資家としての評判を上げていきましょう。評判のいいエンジェル投資家の噂は起業家にすぐに広がります。

結論として、自ら起業家を探さなくても向こうからアプローチされるエンジェル投資家になるのに近道はなく、エンジェル投資家として広く認知されるまで粛々と活動を続けていくしかありません。

小さな「スタートアップ村」の閉ざされた門

スタートアップ界隈は驚くほど狭い世界

コロナ禍で東京の仕事がすべてリモートワークになったことで、東京にいる意味がなくなり、思い切って奄美大島に移住して1年間住んでいました。

奄美大島は近所の方が家の庭や中にまで入ってくる親戚のような距離感のところなので、誰がどこで何をしているのかが全部わかるような環境でした。都心で生まれ育った方には想像できないかもしれませんが、地方の場合、「どこどこの◯◯さんが△△してたよ」という情報がインターネットより早く広まって、翌日にはみんなが知っていることも珍しくありません。

東京のスタートアップ界隈も「スタートアップ村」と言われる狭い世界です。エグジットした人、著名なエンジェル投資家、VCで頑張っている人は限られていて、飲み会などで頻繁に情報交換を行うので、良い情報も悪い噂もすぐに広がってしまいます。スタートアップ村で信頼を失ったら、もう戻ってくることはできません。芸能人が不祥事を起こしてテレビに復帰できなくなるイメージに近いかもしれません。

シリコンバレーもインナーサークルで動いている

実は、一見オープンに見えるシリコンバレーも、「インナーサークル」と呼ばれる限られたネットワークの中で動いています。公にできない情報、いわゆるオフレコ話のようなものを一部の人たちのあいだで情報交換しているわけです。

インナーサークルは限られたメンバーで構成されており、「次はあのスタートアップを勝たせるぞ」といった画策も行われます。特定のスタートアップを勝たせることが決まれば、そこに一気にお金を何百億、何千億円と突っ込んで勝たせにいくのです。お金だけではありません。地位のある人たちはみんなつながっているので、たとえばGoogleの幹部に直接電話して引き抜いてきて、一気に勝たせることもできます。

シリコンバレーにいるスタートアップはそういう世界だと認識しているので、「あのVCからこれだけ調達したということは、あのスタートアップが勝つことが決まったんだ」と悟ります。すると、それまで競合だった会社はあきらめて一斉に引いていくのです。シリコンバレーで勝つことは、「出来レース」と言っては夢がないのですが、実際はそれに近いところがあります。

日本にいると、いいアイデアがあり、いいプロダクトをつくって、いいチームがいて、マーケティングすればうまくいきそうな気がします。「誰しも勝てる可能性がある」というアメリカンドリームのようなものは、皮肉にも日本のほうがまだ存在するように思います。

アクセスできる情報は氷山の一角

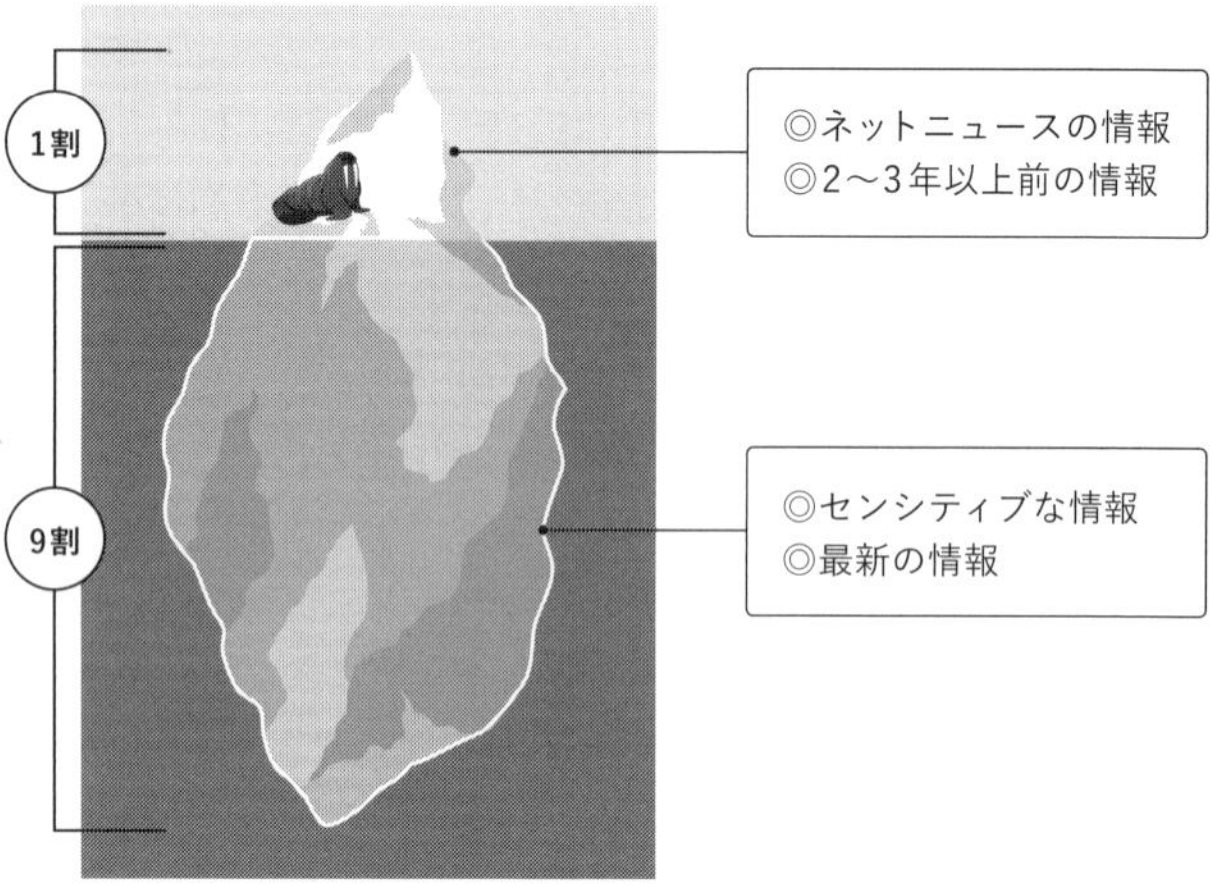

普段ネット上で目にしている情報はたったの1割？

氷山の海面の上に出ている部分は11％と言われています。情報も同じようなものです。統計が取れないので正確なデータは出せませんが、ネット上や本に出てくるような情報は氷山と同じく1割程度というのが私の体感です（上図参照）。その下には、表に出てこない本当に重要な情報が隠れているものです。

特に最新かつセンシティブな情報は海の下に沈んでいます。つまりリアルな場で口頭からでしか得ることができません。みんなそういう情報が欲しいので、コロナ以前は東京に集まって飲みながら、スタートアップ村の中で「ここだけ話」をしていたわけです。

村の中だけで濃い情報が交わされ表に出てこないので、村の外にいる人たちが「こんなことが起きているのか」と見ているネットニュースの情報は、すでに2年も3年も前にディープなところで話し合われた内容です。数年経って、ようやくオープンになっただけなのです。

シリコンバレーや東京に一極集中していた理由

Facebookの初期投資家であるピーター・ティールは、ハーバード大学の学生だったマーク・ザッカーバーグをシリコンバレーに来させて投資をしたという話があります。投資をするからには、起業環境が整っていて投資家の目が届くところに来させたいと投資家は思っています。

なぜ、どこでも働ける時代にGoogleやAppleがシリコンバレーに本社を置いているかというと、リアルなつながりから得られる情報やシナジーに勝るものはないからです。世界の4分の1の投資がシリコンバレーで実行されているので、起業家も大型の調達をするためにシリコンバレーにやってきます。

日本でも同じように、「起業家が東京に来ないと出資しない」というエンジェル投資家・VCもこれまで多くありました。だから、起業家として成功したいなら東京にいることが鉄則だったのです。しかし、この状況はコロナ禍で変わりつつあります。

シリコンバレーでエンジェル投資が盛んな理由

第2のシリコンバレーが生まれない理由

シリコンバレーにいたときは日本から政府関係者、大企業、スタートアップ、学生などが毎日のように来ていました。たとえばとある不動産会社は自分たちが所有している不動産をシリコンバレーのようにしたいと相談にきました。

しかし、「シリコンバレーをつくる」と言ってお金や場所を用意したとしても、実際はなかなか難しいのです。シリコンバレーにはシリコンバレーが生まれた背景があります。

政策面でいうと、今やスタートアップ支援はどこの国でもやっています。移民による多様性という視点で見ても、アメリカ以外にも移民の多い国はたくさんあります。人口の面で見ても、シリコンバレーの人口はたかだか300万人。シリコンバレーがスタートアップが集まる今のシリコンバレーになったのは、政策でも移民でも人口でもないのです。


シリコンバレーには一発屋のDNAがあるそうです。

きっかけはゴールドラッシュです。ご存じの通り、今までまったく出なかったところである日金脈が発見されたことで、ゴールドラッシュは始まりました。

ゴールドラッシュのニュースは全米だけでなく世界中に広がり、世界中から多くの人々がサンフランシスコでの一攫千金を目指して移住してきました。ゴールドラッシュが始まる前の1848年当時、サンフランシスコの人口は600人しかいなかったとする説があります。600人というと、ひとつの学校くらいの規模です。そのサンフランシスコにゴールドラッシュで一気に人が移住してきて、翌年には人口が2万5000人になりました。ゴールドラッシュから3年後には4万人にまで増えたのです。

移住してきたのは、ゴールドラッシュのニュースを知って移住してくるくらい一発屋のマインドを持った人たちです。つまり、当時のサンフランシスコの人口比率でいうと、98%の人が一発屋のマインドを持っていたという非常に特殊性がある土地なのです。

投資家とメンターの層の厚みが違う

そこからシリコンバレーが生まれ、スタートアップ、IPO・M&A、エンジェル投資というような流れが生まれたのも、数世代にわたり脈々とそういう血が受け継がれてきたからです。

現在のシリコンバレーはある意味スタートアップのゴールドラッシュのような場

所になっており、世界中からシリコンバレーへ、一攫千金を狙って起業家が集まってきています。近年日本でも会社をエグジットさせた人がエンジェル投資を始めるようになりましたが、シリコンバレーは３、４世代も前から積極的に行われていて、投資家やメンターの厚い層があります。

それだけでなく、過去にエグジットを経験した年配の方もエンジェル投資をしていますが、目的はリターンを得ることだけではありません。自分の余暇を使って若い世代を支援したいという動機もあるのです。

そのような環境なので、シリコンバレーでは「こんな経験がある人はいないかな？」「こんな専門家はいないかな？」「こんなことをやっている人はいないかな？」と探すと、すぐに見つかります。

良い案件はトップ10％の投資家に集中する

日本でもシリコンバレーでも、トップ10％の投資家に良い案件が集中しています。

Y Combinator［※14］という世界最高のアクセラレーター（スタートアップ養成所）があります。そこでは3カ月かけて起業家にスタートアップのイロハを教えて、3カ月後には「デモデイ」と呼ばれる選ばれた投資家、100人から200人だけが参加するピッチイベントを開催しています。Y Combinatorのデモデイに参加したトップ投資家から資金調達すると、その後の資金調達がしやすくなる傾向にあります。

シリコンバレーの事例と同様に、日本でも起業家は著名なエンジェル投資家やVCから調達したいと思っています。だから、投資を検討しているエンジェル投資家・VCがどのような企業の出身か、誰の紹介かといった周りの評判を参考にして投資を受けるかどうか判断しています。

［※14］**Y Combinator**
アメリカのカリフォルニア州にあるシード・アクセラレーターで、主にスタートアップに投資し、起業家育成プログラムを提供している。

column

column 01

初めてのエンジェル投資（山本のケース）

初めてエンジェル投資をしたのは、Chatworkを上場させるべく1回目の3億円の資金調達をしてシリコンバレーにいたときです（２０１５年）。

それまでChatworkは自己資本だけで経営していましたが、ＶＣから資金調達して周りのシリコンバレー企業と同じように動いてみて、「なるほど、こういうことか」と気づかされることが多くありました。

はじめは自分自身がエンジェル投資をすることはまったく考えていませんでしたが、資金調達をしてすぐにその考えは変わることになります。

日本の大学生をインターンとして受け入れたときに、優秀な学生が友人と複数名で開発したアプリのビジネスで起業しようとしていました。しかし、そのアプリが学生向けで、ビジネスにはつながらない内容だったので、

column

「それなら」とビジネスアイデアから創業資金、組織づくり、マーケティングなど全面的に支援するかたちで第1号のエンジェル投資をしようと思ったのです。

私が投資したあと、まずは1000万円でVCから1回目の資金調達をしました。これは比較的容易にできました。しかしそこからはやはり学生のチームなので、組織の問題、開発に必要な技術力の問題、そもそもの起業家の未熟さなどが問題になり、その度に相談にのって一歩一歩乗り越えていきました。その結果、その次の資金調達ラウンドでは、日本でトップ10に入る名門VC2社から2億円強の資金調達ができました。

そのまま上場まで支援し続けたいと思っていましたが、2018年に私がChatworkのCEOを退任したタイミングで、保有していた全株を投資時の数十倍の株価でVC2社に買い取ってもらうことになりました。右も左もわからないまま始めたエンジェル投資ではありましたが、1社目のエンジェル投資では結果的にリターンを得ることができました。

column

投資家Q&A①

Q 最近注目している事業分野がありますが、私の専門領域ではなく、勉強が追いついていません。自分が詳しくない事業領域の企業に投資したいと思ったときの考え方や注意点を教えてください。

A 自分が詳しくない領域だと、その領域に詳しい方よりも目利きができていない可能性が高いので、より高いリスクがあります。たとえば、その起業家自身のやろうとしていることが本当に素晴らしかったり、心から応援したいと思えるような人柄や魅力があったりするなら、チャレンジしてもいいかもしれません。ただその場合は、投資する複数社のうち1、2社だけにしておきましょう。自分が強い領域のスタートアップにメインで投資するようにして、投資先を分散させるべきです。

また、その専門分野に詳しい知人を巻き込むという手もあります。その分野に詳しい投資家が入ってくれるかどうかで、スタートアップの成功確率も変わってきます。その分野に詳しい専門家を説得して共同出資すれば、投資先のメリットにもなり、投資家側のリスクも減ります。もし説得できなかった場合は、その領域に詳しい人から見て魅力的ではないということなので、投資を再検討したほうがよいかもしれません。

第 2 章

見抜く

有望な投資領域を見抜く8つの視点

起業家に出会えるようになったら、次はそのビジネスアイデアや起業家自身が有望かどうかを「見抜く」必要があります。まず、どのような事業領域であれば有望といえるのでしょうか。ここでは8つ挙げてみます。

①伸びている新しい市場

まず、これから来るであろう伸びている新しい市場はもちろん有力候補になります。AIやブロックチェーンもそうですし、少し前でいうと、フィンテックなどもまだ新しい領域で、これから市場が膨らんでいくでしょう。

成熟して萎んでいくところに投資をしても、レッドオーシャンな市場でパイを奪い合うことになります。よほど画期的な技術や切り口がない限り、営業力だけで勝負するかたちになってしまうので、できるだけ避けたいところです。

②逆張りの発想

一方で、誰もが成熟していると考えている市場に逆張りするという考え方もあります。たとえば、建築業界や介護業界などです。これまでになかった新しいテクノロジーを成熟産業に持ち込むことで、一気に新たな市場が生まれることがあります。

建築業界であれば、ＣＡＤで図面をつくったあとにミニチュアの模型をつくるといった確立されたプロセスに、ＶＲ（仮想現実）やＡＲ（拡張現実）のような技術で実際に模型をつくらなくてもまるで目の前に完成形があるかのように表示させて、確認することができます。関係者全員が現地に集まって模型を見ながらミーティングをしていたところを、全員がグラスを装着して見ることで、それぞれのオフィスや地域にいながらにして同じ完成形の建物の中にいるかのような感覚でミーティングできます。模型をつくる手間もかかりませんし、模型では確認しにくいような角度から建造物を見て、必要に応じて拡大して確認することもできます。

そうした新しいイノベーションがひとつ生まれることで、成熟産業にも大きなチャンスが生まれるのです。

③アフターコロナ

私が最も注目しているのはアフターコロナで伸びる市場です。これまでも、リーマンショックや大地震など大きな変化や出来事が起きたあとには、必ず新しい市場が生まれています。新型コロナウイルスの感染拡大は、世界中にインパクトを与えた出来事でした。世の中に非常に大きなインパクトを与えた出来事のあとは、その前の状態に戻ることはなく、新しい状態、変化した状態に世の中が進んでいきます。

わかりやすいところでいうと、Zoomはコロナのあと押しを受けるかたちで大型上場しました。Zoomの創業当初にシリコンバレーにいた私もCEOとやり取りをしていましたが、ZoomをOEMでChatworkに組み込んで、英語版しかなかったZoomを日本でも展開するという話がミーティングで出ていたような、小さな会社でした。その後、日本でもZoomが流行り始めていましたが、コロナによるリモートワーク促進の流れに乗ってワークスタイルに大変革が起こり、一気に伸びました。

また、コロナ禍においては食生活も一変しました。外食しようにもレストランが自粛していて開いていないので出前のニーズが高まり、Uber Eats・foodpanda・出前館などのフードデリバリーサービスが一気に伸びました。

ワクチン接種が進み、感染拡大が落ち着いたとしても生活様式が完全に元通りになることはなく、新たなワークスタイル、食生活、住生活に移行することになるでしょう。そのようにして生まれた新たな市場に対して照準を合わせたビジネスアイデアであるかどうかは、重要な見極めポイントになります。

④変化の激しい業界

変化の激しい業界にもチャンスがあります。変化の激しい業界で勝負している企業は玉石混交で、本当にいろいろと入り乱れていて誰が勝ち残るかわからないところがあります。ある程度成熟するまで変化が激しいような領域です。伸びている新しい市場も変化の激しい業界のひとつだといえますが、そういう領域もいいでしょう。

⑤知見のある領域

先に挙げたような領域ではなかったとしても、自分の好きな領域、得意な領域、経験のある領域があります。

勤めている業界、たとえば医療業界に勤めているのであれば、技術的な部分や市場のニーズなど一般の人が見抜けない部分を見抜くことができるので、自分の強みのある領域に張っていくことは、非常に良いことです。起業家に対して自身の知見や経験をアドバイスしたり業界の専門家を紹介したりできるかもしれませんし、投資家のライバルが少ない可能性が高いからです。

⑥スケールするかどうか

スケールするプロダクト・サービスであるかも重要です。制限のない売上成長が見込めるかどうかを見極めましょう。毎年10、20%の成長だと上場できないばかりか、そもそも上場しても株価が上がりません。日本だと新興市場として東証マザーズがありますが、Jカーブと言われる二次曲線を描くような勢いで成長していかなければならないので、投資する会社や領域は二次曲線で成長できる可能性があるか見極めないといけません。

労働集約型で人的なサービスだけを提供していると、規模を拡大させていったときに、同じように成長させ続けることは、マネジメントや立地、店舗サイズなどの問題もあるので、非常に難しくなってきます。労働集約型のサービスであったとしてもそれに通販などでスケールするような売上が作れるかどうかが非常に重要です。

⑦ブルーオーシャン・レッドオーシャン

ブルーオーシャン、レッドオーシャンという市場の分類があります。ブルーオーシャンは新しい市場で、競合がまだ少ない・いない市場のことです。ブルーオーシャンを狙うべきだと言われることもありますが、世の中でブルーオーシャンと言われている市場の大半は、そもそもマーケット自体が存在していないからブルーオーシャン（魚がまったくいない死海のような海）なのです。そのような市場を攻めてもまったくユーザーがいない可能性があるのです。

ブルーオーシャンを攻めるスタートアップは、本当にそこにニーズがあるかどうかをしっかりと見極める必要があります。その領域に経験や知見があり、本当に新しかったり、面白かったりするアプローチだからこそ、そのブルーオーシャンを狙えるのであればいいでしょう。

競合が資金調達しているかどうかで市場を見極める方法もあります。大きく資金調達している競合企業がいる場合は、間違いなく市場は存在しているという安心感があります。その競合企業がそのまま伸びていって勝てないリスクは付きまといますが、その競合と投資先候補が戦うにあたって、競合とは違うアプローチであるとか、競合にはない強みが投資先候補にあればチャンスはあります。

国内に資金調達している競合がいなかったとしても、海外で同様のモデルがあれば、あとは日本市場にフィットするかどうかというところだけを見ればいいのです。

日本は携帯電話だけでなく、あらゆるビジネスにおいてもガラパゴスなマーケットで独自に進化している面があります。海外で流行っているからといって同じものをそのまま持ってきても、フィットしないケースは比較的多いです。日本人だからこそ、海外ですでにユニコーンになっているようなサービスをうまくローカライズをすることでエグジットを目指すことも可能です。

⑧日本独自のルールが海外勢参入のハードルになる分野

Chatworkのようなビジネスチャットは国ごとに法律や規制がないので、ツール自体の見せ方や機能でしか差別化するところがありません。つまり海外の競合が入ってきやすい分野です。

しかし、会計ソフトなど国ごとに制度が異なるような分野は、海外のプレイヤーが参入しにくく、日本市場を狙う上ではとても有利です。アメリカにはIntuitという会計分野におけるGoogleのような強いプレイヤーが以前から存在していましたが、会計制度が違う日本には参入してきませんでした。そのため、後発であるマネーフォワードやfreee（共にクラウド型会計サービスを展開）は、古参の会計ソフト会社がクラウド化の波に乗る前に市場開拓に成功し、２社とも大きな上場につながりました。

クラウド型の人事労務サービスを展開するSmartHRもユニコーンになりましたが、上記と同じく日本の労務や行政対応といった独自ルールがあるので海外勢は容易に入ってこられないのです。

成功する起業家の7つの条件

次に、起業家の見抜き方です。ビジネスの内容は変わる可能性があるので、エンジェル投資のフェーズは起業家が有望かどうかを見抜くことのほうが重要です。

①クレイジーかどうか

私は「脳みその回線が切れている」と表現することもありますが、起業家自身のクレイジーさは非常に重要です。「あの人は変わっているね」どころの話ではなく、クレイジーという表現が近いのです。

起業家を判断するときにＭＢＡを持っているとか、大学院卒だとか、財務ができるとか、外資系の経営コンサル出身だからとか、そういう人が必ず成功するかというと、そうではないところが面白いところです。そういう優秀な人は成功する可能性も高いですが、上場している経営者がそういうスキルの人ばかりかというと、そうでもなかったりします。頭がいい人は、逆にクレイジーさが少ない傾向にもあるので、私が投資する起業家はクレイジーさがあるかを意識して見ています。

世間からその当時は理解されないようなビジネスアイデアに対しても、こういうクレイジーな起業家はそのアイデアがうまくいくことを信じて疑わないのです。Airbnbもそうでした。日本人よりオープンなアメリカ人でさえ、初めは「面識のない人に家を貸すなんてありえない」と言っていましたが、それをやりきってしまったわけです。

斬新な発想のビジネスアイデアを話しているクレイジーな起業家に、あらゆる質問をぶつけてみましょう。たった今アイデアを聞いただけのエンジェル投資家からの質問に答えられないようであればアウトです。どんな角度からの質問が来ても、すべてが想定の範囲内で、すべて打ち返してくるかどうかが見極めポイントです。

また、その起業家が本気かどうか見極めるには「このビジネスを10年続けられますか？」という質問をしてください。その質問に少しでもひるんだら、今のビジネスは次までの腰掛けのアイデアかお金が目的で、人生を懸けてまで取り組むつもりではないということなので、エグジットまで行ける可能性は低くなります。

②ビジネスモデルは参考程度

ビジネスモデルは大切ですが、ある意味参考として聞く程度で問題ありません。エンジェル投資の段階では、ビジネスモデルがどの程度きちんと精緻に設計されているかなど、そこまで気にしなくていいのです。どの市場を狙っていくか、狙っているアイデア自体の市場が大きくて、その起業家に原体験がある分野で、そしてそのアプローチが大枠で正しいと思えるなら、ビジネスアイデア自体はそれでいいでしょう。

どうマーケティングするの？　どういうチームがいるの？　お客様はどのくらいいるの？　財務状況は？　というようなところは、次の資金調達ラウンドでいいのです。

エンジェル投資の段階は起業家を見抜くことに注力します。アイデアがまったく変わるということはないにしても、ピボット（方向転換）することはありえます。まったく違う業界にまたゼロからチャレンジするという話になれば別ですが、自分の環境や原体験をベースに別のビジネスアイデアにピボットすることは一般的です。

エンジェル投資家は起業家のダイヤの原石、金の卵を探します。

もっと言うと金の卵はＶＣも探しているので、エンジェル投資家は受精卵の段階で探し出してしっかり育てていくことが、エンジェル投資家の役割であり醍醐味です。

起業家自身には想いしかなかったとしても、その起業家の周りの強みや経験を見出していくことも忘れてはいけません。兄弟でも友達でも親でも親戚でも構いません。とにかく起業家の周りのリソースもしっかりチェックしていくということも重要です。

③レスポンスの早さ

起業家へメッセージを送ったときの返信の早さも、ひとつの基準になります。これはシンプルですが、かなり重要です。起業家に限らず取引先や社員においても返事の早さが仕事のできる、できないに直結していると私は思っています。

本来はできる人ほど仕事が集中して忙しいはずなのですが、それにもかかわらずなぜかレスポンスが早いのです。人間は全員１日24時間しかないし、タイピングスピードもそこまで変わらないのに、仕事ができる人のレスポンスがなぜ早いかというと、判断すべき事項の意思決定の早さ、返信すべきメッセージの優先度や取捨選択ができている、自分がやらなくてもいい仕事を人に振ることができている、返信の早さが重要なことをわかっているからです。

経験上、返信の遅い起業家は成功確率が低いと見て間違いありません。

④ハードワークに耐えられるか

投資を検討している起業家はハードワークに耐えられそうか、耐えられる環境にいるかも大事です。スタートアップの起業家は、本当に24時間働くレベルでやらないと、まったく時間が足りません。世の流れは働き方改革ですが、スタートアップの起業家に求められるのはその真逆です。

スタートアップ起業家や自らの意思で自己成長のためにがむしゃらに働きたいと思う社員以外は、世の中の流れに乗って働き方改革を進めていけばいいと思います。しかし、誤解を恐れずに言えば、私は「日本の将来はこのままで大丈夫か？」と危惧しているので、起業家に対しては「寝不足になっても、思いっ切り働け」というスタンスです。

どのくらいのハードワークかですが、とにかく仕事のこと以外は何もできないくらいの分量の仕事をこなさないといけないし、何をやっても間に合わない、足りないという状況です。スピードも成長も求められるし、それに伴って経験不足からくるトラブルもたくさん発生します。競合は競合で大きな資金調達をして同じような状況で挑んでくるでしょう。アスリートの世界に似ています。

起業家にはそのハードワークに耐えられるタフさがあるか、年齢や家族の状況によって自分は大丈夫だと思っていても周りがついてこられない場合もあるので、しっかり起業家の環境を見抜くことも重要です。

⑤ジジ殺し

起業家がジジ殺しかどうかも企業の成長スピードを上げるには重要です。徐々に変化してきていますが、日本はまだ男女の仕事格差があります。ビジネスの世界で力を持っているのは男性の中高年が多いので、若い起業家が成功するには、そういう方々に好かれやすい要素を持っていることが重要になってきます。つまり、おじさんに好かれて応援されるタイプかどうかです。

「彼・彼女は生意気なところはあるけれど、面白いから応援してあげよう」と感じてもらえる起業家だと、うまく引き上げてもらえることもあります。助けを借りずに自力でやっていくというマインドも大切ですが、急成長が求められるスタートアップ起業家は、力のある人たちにうまく応援してもらったほうがよいでしょう。

⑥素直、かつ自分を持っている

起業家自身の素直さは非常に重要です。こちらからどんなアドバイスをしても「そういう側面もあるかもしれませんがこうなのです」と、毎回反論してくる起業家もいます。

鏡がないと自分の顔は見ることができないのと同じように、いろいろなビジネス経験を持ち、業界外から客観的な視点で投資先に良くなってほしいという想いでアドバイスしているので、まったくの的外れでもなく当たっていることもあるはずです。

しっかりと自分の意見を持つことも大切ですが、いったん受け入れて違うことは違うで受け入れないという意思決定、受け入れるにしても自分で考えてさらに自分の意見を乗せながら進めるというスタンスの起業家が伸びます。

一方、なんでもかんでも言われたことを受け入れてしまう起業家も稀にいますが、それはそれで自分自身で考える力が足りないか、課題に気づく視点が弱いともいえます。

⑦自分が関われば伸びそうか

エンジェル投資するときには、自分が関わることで起業家や事業を伸ばせそうかという視点も持っておきましょう。自分がギブできることが何かというようなところも重要です。スタートアップの成功はお金だけあればうまくいくわけではなく、自分が関わることによって少しでもプラスになるかどうかという観点で意思決定をするのも良いでしょう。

ジェイソン・カラカニス氏の4つの質問

著名エンジェル投資家でUberの初期投資家であるジェイソン・カラカニス氏は、投資する前に4つの質問をするといいます。

1つ目は「起業家がなぜそのビジネスを選んだのか」です。起業家がそのビジネス領域で、どれほど市場にインサイト、市場の洞察ができているのかということです。

2つ目は「起業家がどこまで本気なのか」です。自分の人生を懸けてでも、市場にある課題を解決するというような、熱い気持ちがあるかどうかです。今は起業家よりも投資家のほうが多く、お金が余っている時代です。スタートアップ起業家が会社を清算する理由は、資金ショートではなく、起業家があきらめたからということが多いそうです。まさに、どこまであきらめずに突き進めるかが重要なポイントなのです。

3つ目は、「起業家がそのビジネスで成功するチャンスをどのくらい持っているのか」です。強みをどれくらい活かし切れるのかということです。

4つ目は「成功したときのリターン、エグジットラインをどこに引いているのか」

です。投資家が最も注目すべき点です。どこまで高い山を目指しているのか、ということです。

column 02

2社目の投資は5年で数百倍に（山本のケース）

シリコンバレーにいたときは毎日のように大学生や社会人、政府関係者がやってきていて、ランチタイムは日本から来た人にシリコンバレーの経験をシェアするという時間にしていました。

十数名の学生がシリコンバレーツアーでやってきて講演をしたのですが、その中の1人、I君が大学で起業家サークルを立ち上げていて「これまでサークルメンバーから11社ほど起業しているのですが、ピッチ大会をするので一度審査員で来てもらえませんか」と誘われました。

出身大学の後輩で懐かしさもあり、日本に一時帰国したときに大学のピッチ大会に審査員として行きました。その中で1グループだけ想定以上にいいアイデアをピッチしていたので、「もし君が起業するなら、出資し

column

シリコンバレーで日本から来た学生たちに向けて講演をした

て支援するよ」と声をかけました。しかし、その大学1年生の女性は親から社長になることだけは認めないと反対されたと言います。

そこで、起業家サークルのリーダーを務めているI君に「君が立ち上げた起業家サークルのメンバーが社長になれないなら、君が社長になったらどうか」と声をかけました。I君は自分で立ち上げた別の会社があるにもかかわらず、私に巻き込まれるかたちで社長になりました。

5人のチームで起業するこ

とになりましたが、立ち上げたときに5人全員でシリコンバレー合宿をやろうということで、飛行機チケットと宿泊場所を手配して呼び寄せました。1週間のシリコンバレー合宿でビジネスの方向性が決まり、開発がスタートしました。プロダクトが出来上がるタイミングで資金調達を開始したところ、1000万円の資金調達が決まりました。

リリース後、徐々に波に乗ってきてユーザーも少しずつ増えていたのですが、その事業は思ったよりも市場が小さく先がないことが見えてきて、組織の雰囲気が悪くなっていきました。1人抜け、2人抜け、最後には巻き込まれて社長になったI君のみが残ってしまう空中分解状態になり、残金も30万円にまで減って瀕死の状態になりました。

I君から「今後どうしたらいいでしょうか」と相談されましたが、「そういう万策尽きたと思うような状況でもあきらめず、考え続けたら必ずトンネルの先に光が見えてくるから、とにかくあきらめるな！　この危機を乗り切って成功したら、このときの瀕死体験がのちにいいネタになるから、どうせなら残金が1万円になるまで使ってしまうくらいの気持ちで頑張

column

れ」と冗談を交えながらアドバイスしていました。

そこからI君は考えに考えて、自分の強みや自分の周りの強みは何かを見出しました。彼が医者の家系であることを活かして医療系へピボットしたのです。オフィスや自宅からありとあらゆる契約を解約してコストカットし、全国の医学部を飛び回ってネットワークを広げ、学生であることをうまく使って各地の医者の家を泊まり歩きながら、医療領域の課題を解決するサービスへ転換し見事復活。上場も視野に入るようになりました。エンジェル投資の成果としては、投資時から数百倍以上の株価に上がっています。

投資家Q&A②

Q 仮に出資先が倒産したときは、1円も返ってこないのでしょうか。また、投資先が上場の見通しがつかなかった場合、株を引き取ってもらうことはできますか。

A 貸付ではないので、倒産した場合は基本的に返ってきません。VCの償還期限が10年で上場の見通しがつかなかったため、社長がVCから株を買い取るという事例はあります。VCは投資家へのリターンを最優先に考えるため、投資時に厳しい条件の契約書をつくって、たとえ1株1円であっても買い戻しを求めますが、エンジェル投資家が買い戻しを要求した事例は聞いたことがありません。

株を手放したいときにその株を買いたい人がいて、条件が合えば、投資家間で取引が成立する可能性はあります。すでに発行された株式を投資家間で売買する市場のことを、「セカンダリー・マーケット」と言いますが、日本はセカンダリーの市場が成熟していないため、売買できる可能性はかなり低いといえます。

ましてや「上場の見通しが立たないので売りたい」ということであれば、その株を買いたい投資家を探すのは難しいでしょう。

Investors and Entre-preneurs

第 3 章

投資する

エンジェル投資の進め方

スタートアップへの投資にはそれぞれステージがあります（左の表を参照）。このあたりは自分で資金調達をしたり上場を目指した経験がないと、会社を長年経営していてもまったく聞いたことのない内容かもしれません。

エンジェル投資家が投資するのはシード期

エンジェル投資家が投資するステージは、プレシードやシードと言います。プレシードで投資する人は共同創業者や親戚、友人、エンジェル投資家になります。シードは、エンジェル投資家やシード向けのVCになります。

その次のステージであるプレシリーズAというステージではユーザーがついてきて、マネタイズできるということが見えてくるステージになります。そこに投資するのはシード向けVCもしくはアーリー向けVCになります。

シリーズAではしっかりとマネタイズが見えている段階で、そのステージで投資

スタートアップの成長ステージ

ステージ	エンジェル（プレ・シード）	シード	プレ・シリーズA	シリーズA	シリーズB	シリーズC	IPO
事業環境	ビジネスアイデア段階	サービスリリース前後	Product Market Fit 検証中	Product Market Fit 検証済	サービス成長	サービス成長	上場
資金調達額	500～1,000万円	500～3,000万円	3,000万～1億円	1億～数億円	数億円以上	数億円以上	上場規模による
バリュエーション	5,000万～1億円	1～3億円	3～7億円	5～15億円	10億～数十億円	数十億円～	上場規模による
従業員数	3名以下	3～10名	10名以上	20名以上	30名以上	50名以上	50名以上
トラクション	なし	なし／あり	あり	拡大	拡大	拡大	拡大
利益状況	赤字	赤字	赤字	赤字／黒字	赤字／黒字	赤字／黒字	黒字

するのもアーリー向けＶＣです。
シリーズＢになると、数億円以上を調達するラウンドで、投資するのはミドル向けＶＣです。その後、シリーズＢのまま上場する会社もあれば、未上場の株式評価額が１１００億円を超えるユニコーンを目指してシリーズＣ、Ｄへと進んでいく会社もあります。

日本には新興市場の東証マザーズがあるので数十億円の小ぶりな上場も可能ですが、アメリカのナスダックは非常に大きな上場をしないといけないので、Ｄ、Ｅ、Ｆと進んでいって、上場していない段階でデカコーンと言われる、未上場の株式評価額が100億ドル（約1兆1000億円）を超えてくるような会社もあります。

エンジェル（プレシード）というのは、パワーポイントでビジネスアイデアをピッチするプロダクト開発中の段階になります。その段階でもすでに株価は5000万円から1億円あたりのところで資金調達をすることになります。

普通に企業経営していると、パワーポイントだけでこんなに株価が付くのはおかしいと思われるかもしれませんが、スタートアップの株価の付け方は、一般的な企業の株価の計算方法とまったく異なります。

エンジェル投資はVCが入る前に投資しないと、バリュエーションが跳ね上がってしまいます。VCが入る前にリスクを取ってエンジェル投資することで、その後の大きなリターンが期待できます。

株価の算定

スタートアップのバリュエーション（株価）は一般的な企業の株価算定とは異な

り、簡単に言うとオークションに近いイメージです。そのバリュエーションで投資したい投資家がいると、その株価になるというかたちです。

初めてスタートアップをする起業家が資金調達するときはおおよそ111頁の表に当てはまるのですが、起業家として有名な人、以前エグジットしてシリアルアントレプレナー（連続起業家）として2回目の起業を始めるような起業家は、ビジネスアイデアの段階で数億円以上のバリュエーションが付くケースがあります（シリコンバレーだと数十億円以上のケースもあります）。

スタートアップの株価はこのようなかたちで起業家に対する期待値をもとにオークションに近いかたちで投資家が投資したいバリュエーションで成立します。株価算定はあとから専門家がいろいろな算出方法を使って帳尻を合わせます。

投資後のスケジュールの目安

エンジェル投資後のスケジュールの目安として、しっかりとユーザーがついて売上が見えてくるシリーズAまでは早くて1年から3年ほどかかります。シリーズBの数億円から数十億円を調達するラウンドまでは、２年から４年かかります。

上場までは一般的に5年以上かかり、M&Aは例外はありますが基本的には2年以上かかるのがエンジェル投資後のスケジュール目安になります。

おすすめの投資法

投資の仕方としては、まずは少なくとも3社以上を目安にエンジェル投資することをおすすめします。1社当たり数十万円から投資できる場合もありますが、上限は500万円に抑えたほうがいいでしょう。

エンジェル投資はリスクもあるので、余裕資金があっても経験が少ないうちは投資先を集中させるべきではありません。エンジェル投資の経験を積んだ上級者であれば、「これは!」と思う起業家との出会いがあれば数千万円を張るというのはありです。

出資形態のパターン

出資の形態は第三者割当増資が一般的ですが、最近では創業したばかりでプロダクトがまだない段階でバリュエーションを決めずに調達する、J-KISSという手法による資金調達方法が普及しています。それぞれ説明します。

一般的なのは第三者割当増資

一般的なエンジェル投資であれば、基本的には第三者割当増資です。第三者割当増資とは、特定の第三者に新株を引き受ける権利を与える資金調達の方法です。第三者割当増資の投資の手順は次の通りです。

第三者割当増資の手順

❶投資家と金額決定
❷投資契約書作成（投資家確認）

※払込期限を定めるので、全投資家の中で最も遅く払い込みを行う人のタイミングに合わせて払込期限を決定

❸投資契約書締結

❹払い込み

❺払い込みがあった履歴を司法書士に渡して、増資登記

簡単で早いJ-KISS

ビジネスアイデアがどうなるかわからないときに、バリュエーション（株価）を算出するのは時間やコストがかかります。そこで、とりあえず企業価値は決めずに投資するスタイルがJ-KISSです。SAFEやKISSという、バリュエーションを決めずに出資するシリコンバレーの手法を踏襲して、日本版のKISSということで、J-KISSが出てきました。J-KISS型の場合、投資時には株数は決めず、将来的にシリーズAの資金調達が発生したときに株式に転換され、そのときの時価総額で株数が決定します。投資時には、ディスカウント[※15]とバリュエーションキャップ[※16]という2つの項目だけ決めてスピーディに出資する手法です。

[※15] ディスカウント
値引きの割合のこと。「20%」という条件が設定されている場合、シリーズAの資金調達時の株価が10万円であれば、8万円で株を買える。

[※16] バリュエーションキャップ
評価額の上限のこと。キャップが「1億円」という条件が設定されていて1万株発行済みの場合、（キャップ÷発行済株式数）＝（1億円÷1万株）＝1万円で株を買える。

J-KISSの手順は次の通りです。

J-KISSの手順

❶新株予約権者・ディスカウント・バリュエーションキャップなどを決める
❷J-KISS発行要領・引受契約書などを作成
❸引受契約書を締結
❹払い込み
❺払い込みがあった履歴を司法書士に渡して、増資登記

交渉のポイント

お金以外に何をギブできるか

投資するときに重要になってくるのが起業家との交渉です。

向こうが優秀な起業家であればあるほど、起業家自らエンジェル投資家やＶＣにどんどんアプローチして、どのエンジェル投資家やＶＣから投資してもらうかを選ぶので、面談のときにしっかりと自分の魅力を伝えていく必要があります。お金を出資することによるギブはもちろんですが、自分がお金以外でそのビジネス・起業家にどういうギブができるのかということも、しっかりと伝えていく必要があります。

ほかに投資を検討している人はいるか

起業家はいろいろなエンジェル投資家にアプローチをしていて、新人のエンジェル投資家よりも起業家のほうが面談の数をこなし慣れていることもあるので、バリュエーションを高値掴みしてしまうことがあります。

面談の際にビジネスの評価をしっかりして、どういうバリュエーションでいくのかを交渉していく必要があります。

すでにそのバリュエーションでほかのエンジェル投資家が投資することを決めているということであれば、それに乗るか乗らないかという判断だけの話になってきます。しかし、「ほかに検討しているエンジェル投資家やＶＣはいますか？」という質問をして、まだ誰からの調達も確定していないようであれば、交渉の余地があります。

ランウェイはどのくらいか

交渉のときにひとつ大きなポイントとなるのはランウェイ（資金がなくなるまでの猶予期間）です。スタートアップは基本的に毎月赤字です。ランウェイを知るには、「お金はあと何カ月でキャッシュアウトするのですか？」と質問すればわかります。

「今月末でキャッシュアウトします」と言われたときは、向こうは慌てて調達を進めている状況です。こちらも投資を検討するのであれば急いで検討して、投資契約書を締結し、払い込みをしないといけません。

ギリギリで焦っているという状況を知って足下を見る人もいるのですが、今後の関係も踏まえて足下を見るのはよくありません。ただ、いつまでに調達しないといけないかの確認は必要です。

エンジェル投資家に依頼してきているということは、素早い意思決定を求めている可能性も少なくありません。その場合はできるだけスピーディに対応してあげる必要がありますので、スケジュール感はしっかりと確認したほうがいいでしょう。

リファレンスチェック

リファレンスチェック（第三者による裏付け）はその人と一緒に働いたことがある、取引したことがあるなど、その人を知っている第三者に連絡をして裏付けを取ることです。同じ業界の人であれば、その人の働きぶりを知っている人もいるでしょうし、Facebook上に共通の知り合いがいれば、「30分ほどお話させてもらえませんか？」とお願いしてチェックすることもひとつのやり方です。

アメリカの場合は、投資するときだけでなく採用するときにも必ずリファレンスチェックを行います。

断り方のパターン

スタートアップ村というのは非常に狭い世界なので、出資しないときの断り方も気を付けるべきです。悪い印象を与えてしまうと噂が広まってしまうこともあります。出資するかどうか悩んでいて返事が遅くなってしまったり、そのまま返事しないといったことは、生き死にをさまよいながら資金調達をしているスタートアップにとっては不義理になってしまいます。スピーディに連絡するようにしましょう。

角が立ちにくい断り方の例として３つほど挙げてみました。

①「この専門領域は私ではわからないことも多く判断しきれないので、今回は遠慮させてください」

②「自社もしくは投資先が類似事業を行っていて、競合になってしまうので貴社への投資は難しいです」

③（経営者の場合）「会社でトラブルがあって、そちらに補填しなければならなくなったので投資できなくなりました」

これらの断り方であれば起業家にとっても納得感のある断り方だと思うので、断る際の参考にしてください。

資本政策表

エンジェル投資にあたって必要になってくるのが資本政策表です。資本政策表のフォーマットに関しては、プライマルキャピタルの佐々木さんという方がウェブ上で公開しているものが一般的によく使用されますので、こちらで紹介しておきます。

[資本政策表フォーマット]
プライマルキャピタルの方が公開している、よく使われるフォーマット。

column

column 03

30万円から始めたエンジェル投資（戸村のケース）

私がエンジェル投資をしたのは、本田圭佑さんを紹介してほしいという後輩の起業家がきっかけでした。

私が投資しないのに紹介だけして「あとはよろしくお願いします」というのも無責任なので、私も30万円を投資することを前提に本田圭佑さんを紹介しました。結局、その起業家は本田圭佑さんを始め、私の紹介した著名なエンジェル投資家からも資金を調達することができました。

本田圭佑さんと一緒にエンジェル投資をしたことで、起業家コミュニティ内で私がエンジェル投資をすることを認知していただけるようになりました。

それからは、投資してほしいというメッセージをTwitter経由でいただくことが多くなりました。アメリカにいた頃、直接会ったこともない方に投資したこともあります。エンジェル投資を始めてから2年後に、保有していたある会社の全株を前澤友作氏が代表を務める前澤ファンドへ売却して、投資家として初めてのエグジットを経験しました。

エンジェル投資を繰り返していくと、エンジェル投資家としての評価が上がっていき、SNS経由でアプローチされることも多くなります。「投資家の◯◯さんを紹介してください」という依頼はよくあるのですが、紹介するときは自分も同じタイミングでエンジェル投資をしたほうがいいでしょう。投資先が仮に失敗しても、自分も投資していれば「紹介したのにすみません」で済みます。でも、自分は投資していない会社を紹介して失敗してしまうと、その後の関係が気まずくなってしまいます。

エンジェル投資は最終的には自己責任であるけれども、自分も投資しておくことで紹介先が失敗したとしても信頼を失うことはないし、エグジットしたらリターンを得られるかもしれません。

もうひとつのいいところは、著名投資家と共同投資することで、その投

column

資家や先輩経営者がどういう経営支援をするのかを間近で見られることです。

エンジェル投資をする方は成功している経営者が多いので、その方々の質問やフィードバックから学べることは少なくありません。自分だけで教えていると自分の知識をアウトプットするだけで終わってしまいますが、同じ報告を聞いているにもかかわらず質問をするポイントが違っていたり、アドバイスする内容が違っていたりするのを聞いていると、自分の幅が広がるように感じます。

投資家Q&A③

Q 投資先の会社がM&Aでバイアウトする場合の株価算定方法や、エンジェル投資家への分配の流れはどのようになりますか。

A M&Aの場合はそれを仲介する会社や、売却サイドと買収サイドに専門家がついて、お互いの条件交渉をします。買う側と売る側が、取引条件の根拠を確認します。たとえば、どれくらい利益が出ているか、今後どのような事業展開の可能性があるか、次に交渉する企業がどのくらいそのスタートアップの株を欲しがっているか、といった状況に応じて価格の上乗せや割引が発生するでしょう。M&Aのときの一般的な算定方法があるので、基本的にはそちらが基準になります。条件や売却価格が決まれば、あとは持ち株比率で分配されるという流れです。

第 4 章

支援する

日本のスタートアップ投資の問題点

日本のエンジェル投資の書籍に「支援する」という項目はほぼありません。いいスタートアップを見つけることがすべてで、そこに投資できたら、あとは放っておいても勝てるという内容が主で、「探す」「見抜く」「投資する」(この書籍でいう1〜3章) あたりの内容までしか載せていません。

そこで本書ではあえて「支援する」の項目を立て、投資先を支援することでエンジェル投資の成功確率が上がることを提唱し、実際行っている支援内容についても触れていきます。

山本個人では2015年からこれまで7社にエンジェル投資しています。コラムに載せた1社目、2社目、そして3社目はコロナの影響で売り上げが99%ダウンした危機を乗り越えたエピソードを後述しますが、4社目以降の投資先もすべて生き残っていて成長しています。戸村の投資先も生き残っていて、そのうち1社は前澤ファンドへエグジットしています。

これまで投資した全社が最終的にエグジットできるかはまだわかりませんが、エンジェル投資の成功率が100分の1、1000分の1以下とも言われる中で、山本・戸村の投資先の生存確率が驚異的に高いことをご認識いただけると思います。

一般的な金融商品は数%のリターン、株式投資はうまくいっても1.5倍〜3倍くらいの期待値ですが、エンジェル投資はうまくいけば10倍〜1000倍のリターンが見込める投資でありながら、ほかの投資商品と違って直接関わって支援することで、成功確率が上がるところがエンジェル投資の醍醐味です。

さまざまな支援のかたち

投資家によって、さまざまな支援のかたちやスタンスがあるとは思いますが、自分が投資先のために何ができるのかという観点でこれから紹介する支援の方法を参考にしてください。

週1回以上会う「ハンズオン」

ケースバイケースですが、わかりやすいイメージでいうとハンズオンは毎週1回以上は会社に行ったり、ミーティングに参加して事業の中身をしっかりと把握した上で、外部の人間でありながら経営に直接関与して支援することを言います。

これはエンジェル投資するシードの段階では、非常に珍しい支援のかたちです。しっかりとハンズオンで支援しても、投資先からお金を払ってもらえるほど投資先に余裕はありませんし、シード段階の多くのスタートアップが死んでしまうためです。

投資後は放置する「ハンズオフ」

ハンズオンの反対はハンズオフと言います。ハンズオフは投資したあとの経営は起業家におまかせするスタイルです。株主総会への参加や決算書を送ってもらうなどはありますが、基本的に投資したあとは何もしません。エンジェル投資家のほとんどがハンズオフになります。

最適な距離感は「ハンズイフ」＋α

本書ではエンジェル投資家は「ハンズイフ＋α」のスタンスでいることを提唱します。「ハンズイフ」は、もし何かあったときに相談してくれたら、できるだけ助けるよという支援スタイルです。普段何もないときは頼ることのない警察や病院をイメージするとわかりやすいでしょう。

投資先に旅行業のスタートアップがあるのですが、コロナ禍で売り上げが99％ダウンして瀕死の状態になりました。そのスタートアップは普段あまり相談してこないのですが、さすがの緊急事態で相談が来ましたので、ここぞとばかりにミーティングを重ね、別のビジネスモデルを検討するディスカッションをするなど、まるで救急病院で緊急オペをするかのように支援しました。そのあと追加で2億円の資金調達を完了し、危機的状況を乗り越えることができました。

エンジェル投資家としては、ハンズオフよりハンズイフのスタンスでいることが良いと考えますが、ハンズイフでも起業家が何も相談してこなければ、ハンズオフと同じ状態になってしまいます。

月次レポートはスタートアップの健康診断

月次レポートを出してもらう

ハンズイフをハンズオフ化しないためのやり方をハンズイフ＋αと定義し、お互いの負担を減らしながらも放置状態にせず、知らぬ間に致命傷に陥らないようにする方法が月次レポートです。シード期のスタートアップに月次レポートを作成してもらうのは負担が大きいと思われる方もいるかもしれません。次に紹介するフォーマットであれば、初回は時間かかるかもしれませんが、2回目以降は前月の内容を踏襲することができ、30分以内で完成させられます。月次レポートに掲載してもらうのは、次の項目です。

◉会計情報（前月末時点の数値）

・残キャッシュ

・売上

・ネットバーンレート
・ランウェイ

● **組織情報**
・役員数
・正社員数
・契約社員数
・アルバイト人数
・業務委託人数

● **現在注力していることトップ3**

● **解決すべき最優先課題トップ3**

● **こんな会社、人、サービスを紹介してほしい**

● **前月振り返りコメント**
・ハイライト（良かったこと）
・ローライト（悪かったこと）

こちらの月次レポートはシンプルですが、エンジェル投資家が知っていればアドバイスやアクションを起こしやすい項目で構成されています。

月次レポートのポイントをそれぞれ解説すると、まず会計情報は創業時から月次決算を意識してもらうためにあります。

特に重要なのがバーンレートとランウェイです。ランウェイは、いくら営業損失を出していて、それに対する残キャッシュから何カ月生き残れるかを計算したものです。資金調達には2、3カ月かかるので、ランウェイが6カ月を切ったら資金調達活動を開始しないといけません。

「現在注力していることトップ3」は、今、何に優先度高く取り組んでいるのかということがわかるので、その中に自分の得意なことがあれば支援できるかもしれませんし、知り合いにつなぐこともできます。こういう内容はこちらからアクションしない限り、起業家からはエンジェル投資家に相談するのは申し訳ないと思っていたり、自分でなんとかしなきゃと思って言わないケースが多いので、こういうフォーマットを使って引き出していくのが効果的です。

「解決すべき最優先課題トップ3」はたとえば組織の問題が起きているとか、マーケティングが上手くいかないとか、その課題を解決しないと致命傷につながるものや前に進めないものに対して支援できることがあればします。

「こんな会社、人、サービスを紹介して欲しい」という項目は、注力していることや今抱えている課題を解決するような情報を提供したり人を紹介するために設けています。起業したばかりのスタートアップ起業家は、ビジネス経験が長い人からしたら当たり前のことを知らない場合があるので、ささいなことでも情報提供することでスタートアップがとても助かる場合があります。人の紹介はFacebookのメッセンジャーなどでつなぐだけで、自分の時間をほとんど取られることなく後方支援できるので、積極的にやってあげるといいでしょう。

便りがないのは悪い便り

毎月決まった日に月次レポートを送るように言っていても、起業家は忙しいので忘れられてしまうことがあります。その度に投資家側から月次レポートを催促するというのはナンセンスですし、お互いのストレスになります。

その解決策として投資先とChatwork上にグループをつくり、定型メッセージを予約投稿やリピート投稿できるChatbondというサービスを使うと便利です。

Chatwork上で複数のチャットにメッセージを一斉送信できるChatbond

投資先が増えても予約投稿とリピート投稿の設定さえしてしまえば、毎月決まった日時にレポートを送るように促すメッセージが自動で送信されます。たとえば、毎月5日に前月の月次レポートを10日までに送るように伝える内容と、毎月9日に翌日10日が提出期限である内容のメッセージが送信されるように設定しておきます。

もともと返信が早い起業家が、この2通のメッセージを受け取っているにもかかわらず月次レポート提出が遅れたり、未提出が続く場合は要注意です。会社で問題が起きているか、起業家のモチベーションが下がっている可能性があるシグナルです。

「便りがないのは良い便り」という言葉がありますが、スタートアップにおいては便りがないのは悪い便りです。健康診断は1年に1回ですが、変化の激しいスタートアップ企業は毎月1回の月次レポートを提出してもらい、状況を把握しておきましょう。

病気でも会社の問題でも、早期発見・早期治療が重要です。「3カ月前のステージ1の段階で発見できていれば9割完治できたのに、ステージ4の段階で発見されるとほとんど手遅れになってしまう」といったことと同じです。投資先の起業家にも、悪い情報こそ早めに報告するように口酸っぱく言っておきましょう。

音信不通になってしまう人もいる

エンジェル投資家やVCの話を聞いていると、投資後に事業がうまくいかなくなり、レスポンスが遅いどころか、そのまま音信不通になってしまう人もいるようです。

スタートアップ村は狭いので、そのような不義理をしたら二度とスタートアップ界隈でチャレンジできなくなります。それでも音信不通になるということは、起業家は戻ってこない覚悟で消えてしまうのでしょう。

そういう状況になってしまうのは、お互いに良くありません。投資家は事業がうまくいかなくなるリスクを想定した上で投資しているので、どのように危機を乗り越えるかを相談すべきです。

シリコンバレーでは同じ失敗は繰り返さないだろうということで、失敗経験のある人に投資が集まりやすい傾向もあります。誠実に対応していたら、リベンジの機会を得られる可能性があるのです。お互いが不幸になるような状況を起こさないためにも、月1回の月次レポートは必ず提出してもらいましょう。

過干渉にならない

初めてのエンジェル投資の場合、スタートアップとの距離感がわからず、成功してほしいがために頻繁に連絡してしまう投資家もいます。株主という立場であれやこれやと気にして口を出し過ぎたり、提出に時間がかかるような情報を求めたりして過干渉になれば、起業家の自由は奪われ、事業に集中できなくなってしまうでしょう。

起業家側から求められない限りは、ハンズオン支援は逆効果になることがあります。ハンズオンでもハンズオフでもない、ハンズイフ＋αを常に意識しましょう。

投資家と起業家はフェアな関係

原則として、会社は株主のものです。上場すると株主利益のために株価を上げることを最優先に考えなければいけません。けれども、エンジェル投資した段階で「株主だから」と上から目線で投資先と関わるとうまくいきません。

起業家と年齢が離れている場合、ビジネスや人生の経験や人脈は起業家よりあるでしょうが、今の起業家が置かれているビジネス環境は、投資家がビジネスを始めた頃とはまったく違う世界です。投資家が起業家から学べることもたくさんあります。与え与えられる、対等かつフェアな関係を意識しておくことが非常に重要です。

エンジェル投資は借り入れではありません。起業家側はお金をもらう代わりに株を渡しており、お金を貸りているわけではないのです。

エンジェル投資家は、お金を投資して自分ができないことを起業家にやってもらい、経営陣の一員のような経験ができますし、エグジットしたら大きなリターンを得ることもできます。投資家は、起業家が宝箱を探しに行く船にクルーの一員として同乗しているくらいの感覚が良いのです。

支援の内容

専門家の紹介

投資先を支援する方法として効果的なのが、専門家の紹介です。税理士や弁護士、マーケティングのスペシャリストなどを紹介して、そのときどきに足りていないピースを埋めてあげます。

スタートアップは自社に今何が足りていないか客観的にわからないことも多いので、自分も依頼したことがあるおすすめの専門家を、スタートアップ価格でその知見を提供してもらえるように交渉した上で紹介してあげると、とても喜ばれます。投資してもらったお金をできるだけ使わないように節約して自力で頑張ろうとする起業家は多いのですが、その姿勢自体は素晴らしいものの、専門領域に関しては費用を払ってでも外部から調達したほうが良い場合があると教えることも重要です。

人材の紹介

プロダクトの開発やデザイン、マーケティングなど、社内に優秀な人材がいなければ外注するケースもありますが、外注し続けているとコストが高くなり内部にノウハウもたまらないので、スタートアップは最終的に内製化していかないと勝ち残れません。

外注し続ける致命的なポイントは、外注先にとっては受注している案件は他社のサービスなので、指示されたことはやるけれども、自ら受注単価が下がるような改善提案はしてくれないことです。いいサービスをつくろうと思うと、内製化して自分ごととして自社サービスを改善していく必要があるのです。しかし、起業したばかりのスタートアップはどこも優秀な人材に枯渇している状況です。だからこそ、いい人材を紹介してあげることは、スタートアップ支援として非常に喜ばれます。

投資家の紹介

スタートアップは基本的に赤字で、毎月キャッシュが減っていきます。調達には2、3カ月かかるため、キャッシュアウト半年前くらいには資金調達を開始する必要があります。すぐにでもキャッシュアウトしそうな状況では、資金調達の際のバリュエーションの交渉で足下を見られてしまいます。

エンジェル投資家は一般的に2回目以降は投資しないので、次のステージで資金調達につながるおすすめのVCを紹介してあげましょう。

サービス・ツールの紹介

スタートアップ起業家は自分の事業領域については詳しいのですが、会計のようなバックオフィス業務や自分の得意ではない分野については、知らないことも多いものです。そんなときは自分が使っているサービスやツールを紹介をしてあげましょう。そういう便利なサービスがあることを知らずに、手作業で頑張っていることもあるので、「この業務はどういう風にやっている？」と質問してみてください。

少し先を歩んでいる起業家の紹介

最も喜んでもらえるのは、投資先より少し先を歩んでいる起業家を紹介することです。どうしても株主と起業家は学校の先生と生徒のような関係性になってしまいがちです。スタートアップ業界は変化が激しく、昔と状況が変わってしまっていることがあるため、今まさに現役で同じような悩みを抱えていたり、少し前に乗り越えたばかりの先輩起業家からのアドバイスはとても参考になります。

中学生時代を思い浮かべていただくとわかりやすいかもしれません。中学1年生のとき、2年生や3年生の先輩はすごいなと思ったことがあるのではないでしょうか。大先輩に教えられても、起業家の今のシチュエーションとのギャップがあり過ぎると、アドバイスが刺さらないことがあります。

まさに今必要なアドバイスや、今困っていることについての解決策を教えてくれるのは、少し進んでいる立場の起業家なのです。

自社のスペシャリストとのランチ

経営についての悩みであれば少し先を歩んでいる起業家を紹介するのがおすすめなのですが、営業や開発など専門性のある業務はそれを専門にやっている部署のトップとつないであげることで、ピンポイントで課題を解決することができます。

社員と起業家との飲み会をセッティングするのは社員に対して負担が大きいので、起業家側から少し豪華なランチを社員に対してご馳走してもらうかたちで場をセッティングするといいでしょう。社員は豪華なランチを無料で食べられますし、起業家は数千円で今抱えている課題を解決できるのなら安いものです。

ビジネスの基本を教える

起業家には抜けているところがたくさんある

序章で述べた通り、スタートアップは総合格闘技です。起業家はデザインやプロダクトの開発は得意でも、マーケティングやマネジメント、財務はまったくできないなど、抜けているところがたくさんあります。それを放っておくと、思わぬところで行き詰まってしまいます。

ビジネス経験の長い経営者からすれば、自分がすでに乗り越えたことは簡単に思えるので、優秀そうな若手起業家だったら放っておいても大丈夫だろうと思いがちです。けれども、「まさかそこがわかっていなかったのか！」というところも案外あるのです。どれだけ優秀な人でも経験していないことはわからないし、自然にできるはずがありません。

強みは強みとして伸ばしていきつつ、弱みは補完してあげる必要があります。起業家は何がわかっていないかをわかっていないことすらあるので、自分が得意な領域で「ここは大丈夫?」と声をかけていくことは重要です。

ステージごとに必要なアドバイスは違う

創業からエグジットまで長い道のりですが、それぞれのステージごとに必要なアドバイスがあります。

富士山の登山にたとえると1合目や2合目を登るときと、9合目や10合目を登っているときは、標高も違えば気温も違う、道の状態や疲労度も違います。そのステージごとに必要なアドバイスがあります。1合目や2合目にいる人に、9合目や10合目の話をしてもわからないし、今すぐ必要ではないので頭に入っていきません。

起業したばかりのスタートアップに「いずれ監査が入るから、最初からガバナンスはしっかりしておかないとだめだ」と言っても、起業家は「今はガバナンスの対策をしている場合ではない」と思うだけでしょう。そもそもプロダクト自体が出来上がっていないし、マーケティングをどうしていいのかわからないときにガバナンスの話をされても、まったく響かないのです。

広告費の使い方には要注意

自己資本や借り入れで起業したら、お金の使い方には慎重になります。しかし、エンジェル投資を受けると、初めての起業でも投資家から１０００万円、２０００万円の返さなくていいお金がポンと振り込まれることになります。

その後は、赤字覚悟で「Ｊカーブ」というホッケーのスティックのような形のグラフを描いて売上を伸ばし、上場まで持っていくのですが、それにはスピード感を要求されるので、どうしてもお金の使い方やコストの抑え方が甘くなってしまいます。スタートアップは赤字を掘って攻めることも大事なのですが、「そこにそんなにお金使うの？」とこちらが思うようなところに使ってしまうことがあります。

特に危ないのは広告費用です。プロダクトができてユーザーは増やさないといけないのですが、マーケティングが初めてだとGoogleやFacebookの広告にとりあえず広告費を突っ込んでしまいがちです。これはシリコンバレーでも問題視されていて、スタートアップに投資されているお金の４分の１がGoogleやFacebookに流れていると言われています。

ビジネスを知らなくても起業家になれる時代

今はSNSが普及していて、ある日突然バズってフォロワーが何万人と増えることがあります。ビジネスを知らなくても、SNSでバズったことによって、突然何万人もユーザーを獲得できてしまい、それだけで資金調達できる場合があるのです。

ただ、そういう起業家は実際の売上を立てたことがありません。地道に足し算のビジネスで売上を積み上げていったことがないのに、いきなりかけ算を求められるスタートアップの指数関数的なビジネスを成功させようとするので、ユーザーの獲得方法はわかっていても、ビジネスモデルをしっかりつくれない起業家もいます。資金調達はしたものの、結局ビジネスモデルがつくれずにチームが解散したケースもあるので、ビジネスの基本を教えることも非常に重要です。

3カ月に1回は顔を合わせる

起業家から月次レポートが毎月上がってくるとしても、3カ月に1回はビデオ会議でもいいので、しっかりと顔を見てミーティングすることをおすすめします。可能であれば、ほかのエンジェル投資家や株主と一緒に開催したほうがいいでしょう。

上場企業は3カ月に1回株主報告をしないといけませんが、上場を見据えているのであれば3カ月に1回はミーティングする習慣をあらかじめつけておくと上場後の大変さを軽減できます。

ミーティングの内容としては直近3カ月の月次レポートの内容を振り返りながら、株主とディスカッションするかたちにします。そうすれば、起業家にもそこまで負担はかかりません。

毎月月次レポートを受け取ってもテキストだと伝わらないこともありますし、ミーティングという場でディスカッションしているからこそ出てくるアイデアもあります。月次レポートと3カ月に1回の株主ミーティングを開催することで、エグジットする確率をかなり上げることができます。

起業家が支援されて嬉しかったこと・助かったこと

最後に、起業家が実際にエンジェル投資家にしてもらってうれしかった支援の内容を、起業家の声と共にご紹介します。

次のコメントは、60名の起業家を対象に実施したアンケートの結果から抜粋したものです。アンケートでは、自身が投資を受けたエンジェル投資家について答えてもらっています。

経営支援

「資金調達の前の期間は経営会議に毎週付き合ってもらい、ここまでしてもらえるのか！　と思いました」

「事業に足りない部分を的確にアドバイスしていただけることが本当に嬉しい」

人の紹介

「専門分野だけでなく専門でない分野のキーマンでも、スピーディに紹介してくださった」

「会社のステージに合わせた採用候補者をご紹介いただけたことや、採用に関するアドバイスがありがたかった」

会社の紹介

「プロダクトのリリース前に投資家が契約している専門の広報会社を使わせていただけたことが助かりました。大手新聞社にも取り上げていただくなど、大きな反響がありました」

「VCのパートナーの方をたくさん紹介していただき、資金調達がスムーズにつながった。また、企業を紹介していただき、大型受注につながったこともあります」

知識や実務の提供

「チームメンバー向けにマーケティングの勉強会を開いてくれたり、定期的にメンバーの相談に乗ってくれる」

「資金援助のほかに企業や人を紹介してくださる投資家の方はいるが、イベントやYouTube動画に出演するなどの実務までしてくださった」

精神的支え

「自分にない視点や角度で話をしてくれたり、厳しい局面ではとても勇気づけられる言葉をいただけた。基本的に起業家の意思やビジョンを尊重してくれるが、道から逸れそうなときには正してくれた」

「事業が立ち行かなくなって精神的にも追い込まれていたとき、『会社を畳むという選択肢もあるよ、ほかの投資家に頭下げに行くときは同行するし、自分の心に正直な意思決定をしてね』と声をかけていただいた。結局ピボットをして、そのあと事業は順調に成長していますが、あの言葉には精神的に救われました」

これを読むとわかるように、起業家が求めているサポートは多岐にわたります。「自分には支援なんかできない」と思っている方でも、エンジェル投資家として起業家をサポートできる可能性は十分にあるのです。

column

column 04

テックジャイアントに負けないスタートアップのつくり方（1）

ドイツにロケット・インターネットという会社があります。この会社はアメリカと中国のような競争の激しい国で流行ったサービスを完全にコピーして、それ以外のアジア、アフリカ、ラテンアメリカへ本家が進出する前に市場を押さえてしまうというビジネスモデルで上場しました。

ロケット・インターネットはわかりやすく完全にコピーしてくる会社ですが、アメリカのGAFAMをはじめとするテックジャイアントも、スタートアップが立ち上げて普及してきたサービスをとてつもないスピードでコピーもしくは買収して、その領域に進出してきます。上場を目指すスタートアップが取り組む領域は、競合のスタートアップを意識していたらいつの間にかテックジャイアントが進出してきて、ユーザーを根こそぎ持っていかれるといったことも起こりえます。

Chatworkのようなコミュニケーションサービスは、電話やメールと同じでインフラになる領域なので、始める前からテックジャイアントが入ってくることを想定した上で参入しました。大手が参入してきてもそのまま成長し続けて、いかに上場に至ったかの戦略をお話しします。

2000年からチャットで仕事をしていた

本書では何度も、スタートアップを始めるときは自社の強みを活かしたビジネスアイデアがいかに大事かをお伝えしてきました。Chatworkが生まれた背景は創業の2000年に遡ります。2000年にロサンゼルスに留学したときに学生起業して、日本企業向けにサービスを提供していました。最初の頃は、お客様とはメールでやり取りし、日本にいるスタッフとはICQというチャットでコミュニケーションを取っていました。その後、MSNメッセンジャーやSkypeなどより便利なチャットサービスが出る度に切り替えていき、社内や取引先とのコミュニケーションはすべてSkypeチャットになりました。

column

その当時はビジネス向けチャットサービスは1社もなく、Skypeチャットを使わざるを得ない状況でしたが、Skypeは個人向けのチャットサービスなので、企業で使うとどうしても不便な点がたくさんありました。

当時のSkype Japanの社長と話したときに「Skypeは企業向けにこういう部分をもっと改善したら世界中で流行ると思いますが、今後そのような改善はされますか?」と聞いたら、「ルクセンブルクの本社でそういう話は出ていないから、ないでしょうね」との回答でした。

個人向けの機能しかないままで使い続けるしかないことがわかったので、それなら自社で新たにビジネスチャットを開発して提供してみて、もし流行らなかったとしても最悪自社だけで使えばいいのではないかという案が出ました。そして、2010年に開発に着手することになったのです。

テックジャイアントの弱点

Chatworkを開発してリリースするにあたって、グローバルへ展開することを狙っていたので、競合になりえるテックジャイアントを分析しました。一般的にはテックジャイアントは無敵のように思われがちですが、それぞれの会社に強みと弱みがあります。

これは私なりの分析ですが、Googleはエンジニア色が特に強い会社なので仕様が決まっているメールやカレンダーなどのプロダクトは強いもののＳＮＳ（Google+）やコミュニケーションなどのサービスには弱く、ことごとく失敗しています。実は、Googleは２００９年にGoogle waveという当時では画期的なクラウド型チャットサービスを出しています。私たちもSkypeチャットから乗り換えを検討しましたが、30分使ってみて「このサービスは流行らない」とわかりました。その後、Google waveがサービス停止となったのを知り、Googleは少なくとも5年はこの領域に再参入することはないと確信しました。

Facebookは ＳＮＳがメインで対象が個人中心なので参入してきても、ビジネス向けには優先度が低い会社なので問題なしと判断。Facebookページが一時期法人向けに一気に台頭しましたが、やはり個人向けの広告が主

column

力のビジネスモデルなので予想通りFacebookページは廃れていきました。Appleは法人向けが弱いのが特徴です。また、Appleの製品群内にユーザーを囲い込むのでハードウェアとソフトウェアのどちらも強く、競合になったらとても怖い会社です。しかし、どんなデバイスでも使えるクロスプラットフォームでないとそもそもビジネスチャットは成り立たないので問題なし。

Microsoftは OSや法人向けサーバーなどには強いものの、クラウドサービスには弱かったので（今はCEOがサティア・ナデラ氏に変わり強くなってきています）、買収するクラウドサービスをことごとく潰していました。２０１０年当時飛ぶ鳥を落とす勢いだったYammerというビジネス向けSNSを１０００億円超で買収し、あっという間に衰退させてしまいました。

Chatworkに全力を注ぐことを決めたのは、個人向けではあるものの一番の競合になりえるSkypeがMicrosoftに買収されたニュースがきっかけでした。そして予想通りMicrosoftはSkypeを衰退させていったので、Chatworkにチャンスが訪れました。

Amazonも同様で、インフラ的なサービスには強いもののクラウドサービスは苦手なので問題なし。日本の大手企業はイケているプロダクト開発が苦手なので問題なし。テックジャイアントが参入してくる分野ではあるものの、5年は猶予期間があるのでその間に一気に成長させて、日本発のITサービスで世界を狙うという意思決定をしました。

Chatworkをリリース

2000年から10年間、社内・取引先のすべてのコミュニケーションをチャットで行ってきた経験、その経験から得られた「チャットがビジネスに効果的である」という確信、全社員がビジネスチャットの便利さを実感しているという他社にない強みがEC studio（Chatworkの旧社名）にはありました。1960年代に開発された現代のビジネスシーンに合わないメールの仕様（誤送信、迷惑メール、セキュリティ）は全世界のビジネスパーソンにとって潜在的に大きな問題になっていることから、ビジネス

column

チャットの事業へと振り切りました。

２０１１年3月1日にChatworkをリリースしたときは、世界的に見てもビジネスチャットの競合はアメリカに1社、Hipchat（のちにAtlassianが買収、そしてSlackに負けてサービス停止）という会社だけでした。ＬＩＮＥが生まれたのは２０１１年6月なので当時の日本は、個人でも法人でも世間的にはチャットがまったく浸透していない時期でした。ＬＩＮＥが生まれてもいない時期に「これからのビジネスコミュニケーションはチャットだ！」と謳ってリリースしましたが、「チャットってお遊びでしょ？」「ビジネスにチャットってどういうこと？」という反応がほとんどでした。

当時「Chatwork」というキーワードでGoogle検索すると、1位はChatworkのサイトが出てくるものの、2位以下はすべて出会い系サイトのチャットレディを募集する求人ページだったので、急いでブログ記事やプレスリリースを出したり、メディア取材を受けたりして、1ページ目の10件の検索結果をすべてChatwork関連で埋めつくすように対策をしました。

「メールの時代は終わりました」

今はチャットで仕事をするのが当たり前になりました。しかし、リリースした２０１１年３月当時はまったく状況が違ったので、ホームページのキャッチコピーはインパクトを出すために「メールの時代は終わりました」とし、大々的にプロモーションしました。

ビジネスコミュニケーションの手段としてメール、電話、ＦＡＸしか使われていない時期にこのようなプロモーションを大々的に打ったので、「EC studioさんがまたよくわからないことを言っている」という反応が大半でした。

しかし、私はアルバイトも禁止されている厳しい進学校の大阪桐蔭高校出身で、高校3年生のときにインターネットに出会ってネットビジネスで月20万円ほど稼いでいました。周りの同級生からするとインターネットというよくわからないもので稼いでいることが理解の範疇を超えていたから

column

2011年3月1日にChatworkをリリースしたときのホームページのデザイン

か、「犯罪者」というあだ名で呼ばれていたので、周りから理解されないことには昔から慣れています。

そして10年後の同窓会では「おまえは、あのときから違った」と犯罪者扱いから称賛に変化したことで、「周りから理解されなかったとしても、自分が確信できることはあきらめずに貫き通せばいいのだ」と自信を持てるようになりました。

EC studioは、政府の大号令で働き方改革が日本中でブームになる7年前の2008年から、業務効率を上げるサービスを提供していました。

そのうちのひとつがGoogle Apps（Google Workspaceの旧サービス名）ですが、日本第1号の代理店になって普及活動をしていたこともあり、Chatworkを始める前からEC studioには働き方改革やDXに興味のある1000社以上の顧客がいました。顧客のほとんどが社内コミュニケーションにSkypeチャットを使っていて、EC studioが時代に先駆けたサービスを出すたびに迷わず購入いただけるアーリーアダプター［※17］でもあり、顧客というよりファンに近い状態でした。

Chatworkをリリースすると同時に多くの既存顧客が導入してくれ、こちらからお願いしていないにもかかわらず、Chatworkを広める啓蒙活動をしてくれていました。

EC studioがChatworkを出して成功できたのは単にリリースが早かったからだけではなく、全社員がチャットベースの仕事に可能性を感じていたこと、テックジャイアントとのポジショニングを分析していたこと、デザ

［※17］アーリーアダプター

流行に敏感で、自ら情報収集を行い判断する層。新しい商品やサービスなどを早期に受け入れ、消費者に大きな影響を与える。

column

サンフランシスコで開催されたテックイベント「SF New Tech」に登壇

イン・開発・マーケティングのすべてを内製化できていたこと、ＤＸに関心がある顧客が最初から１０００社以上いたことなど、複合的な要因があったからです。国内でそのあとに次々とフォロワーの競合サービスが出てきましたが、打ち勝つことができました。

世界展開に向けてシリコンバレーへ

　Chatworkは国内だけでなく世界のマーケットを取るべく、シリコンバレーのピッチイベントに挑戦することにしました。2011年6月には人生で初めて、350人以上のアメリカ人の前で英語でピッチをしました。

しかし、10億円出資したいという投資家は出てきたものの、アメリカ人のユーザーはそこまで増えませんでした。うまくユーザーを獲得できなかったのは、アメリカ人の働き方や考え方が理解できていないからだと思い、社長の私自らサンフランシスコのデザイン会社で2カ月間インターンをすることにしました。

この2カ月間でアメリカ人の考え方を把握して日本に戻り、ネットマーケティングでアメリカに広げていく予定でした。けれども、日本人とアメリカ人の仕事に対する考え方があまりに違っていたため、これは創業者である私自ら移住して取り組まないとダメだと思い、シリコンバレーに移住してアメリカでサービスを展開することを決めました。

投資家Q&A④

Q　上場したら、自分のタイミングで売却してもいいのでしょうか。

A　起業家からすると、創業初期から共に厳しい局面を乗り越えてきて、上場してからも株価を上げていこうとしている道半ばのタイミングで抜けられるのは、あまり気持ちのいいものではありません。株価が高いときに株を売りたいと投資家が思うのは当然ですが、起業家は「売りがたくさん出ると株価が下がるので、上場しても持ち続けてほしい」と思っています。その対策として上場後も持ち続けてくれる機関投資家などにあらかじめ株を売却して上場前に買い取ってもらうケースもあります。

エンジェル投資家の持ち株比率は数％以下が大半ですが、ＶＣは10％ほど持っていることも少なくありません。ＶＣの持ち分が多いと、上場後の株価は上がりにくくなります。「ＶＣは高くなれば売るだろうから、今後株価が下がるだろう」と株式市場の投資家は考えるからです。持ち株比率が高い株主は、一気に売りが出て一般投資家の損失を防ぐために、上場後のロックアップ期間（90日もしくは１８０日間）が設定され、その期間は株を売ることができません。しかし、ロックアップ期間が終わったあとに売りが増えて、株価が下がるケースはよく見受けられます。

投資家の視点で言えば、全株売ってから大幅に株価が上がって後悔するケースもあるので、売るタイミングの見極めはとても重要です。上場後に株を持ち続けていて株価が下がったときも、売ってしまってから株価が上がったときも、どちらもショックですよね。上場後の株価がどうなるかの予測は難しいので、一律のルールとして上場時に半分だけ売るという手法もあります。そうすれば、上場時に一定の売却益を確定させることができ、上場後に上がっても下がっても一律のルールでやっていれば後悔することはないですし、上場後の株価の上振れも期待できます。起業家にも「上場後も半分は持ち続ける」と引き続き応援する姿勢があると見せることができます。

第 2 部

起業家

第2部では「エグジット（IPO・M&A）を前提とした起業」という視点で、ほかの起業本にはあまり書かれていないポイントを中心に書いています。そして、投資する側のエンジェル投資家がスタートアップ起業家のことを知るという観点で、お互いのギャップを埋めるために活用してください。

山本は20年以上前、戸村は10年前の起業した当時にこういう情報があれば会社をより早く、より大きくできたと思える起業のポイントをお話しします。

第 5 章

起業する

スタートアップ起業家の条件

起業したい人のうち99%はスタートアップには向いていない?

結論から言うと、起業したい人のうち99%は、そもそもスタートアップの起業家に向いていません。高学歴の方やMBA取得者もたくさんいますが、「頭のいい人＝スタートアップの成功者」ではありません。

スタートアップ企業の経営はしんどいことがずっと続きます。会社が成長すればするほど、問題はさらに大きくなっていくし、理不尽なことがあちこちで起きるのです。その問題にくじけず、あきらめず、逆にそれを楽しめる人であるかが大事です。これはもはや頭の良さではなく、「それをやらなきゃいけないんだ!」という原体験や生き方の根本的なところから生まれる強い思いがないと続かないということなのです。

スタートアップ起業家の条件とは？

そういう思いを持ち続けられるのはどういう人なのか。必ずしもこれがすべてではないですが、いろいろなケースを見てきた上で、私が思うスタートアップ起業家に向いているかどうかを判断するには20歳くらいまでに次の条件に当てはまっているかどうかがひとつの目安になると考えています。

- ●本気で死にたいと思った経験がある
- ●幼少期に超貧乏だった
- ●いじめられていた
- ●身近で大切な人が亡くなった
- ●頭に雷が落ちるような衝撃的な体験や出会いがあった
- ●一般の人からクレイジーだと言われる

直面する問題が大きくなっていっても、それにめげずにやっていけるあきらめの悪さ。それ以上にもっとつらい体験や苦しい体験、「この事業を絶対に、何としても実現したいんだ！」という思いになれる体験を若いときにしていることが非常に大きな要素です。

スタートアップ起業家に向いていなくても、あきらめる必要はない

では、スタートアップ起業家に向いてない人はどうしたらいいか。スタートアップ起業家になれないから起業をあきらめる必要があるかというと、そうではありません。

私も含めスタートアップの起業家には足りないものだらけです。総合格闘技であるスタートアップの起業において、起業家ひとりですべてカバーすることはできないので、共同創業者となって一緒に立ち上げるという道もありますし、ＣＴＯ（最高技術責任者）やＣＦＯ（最高財務責任者）などのスペシャリストとして参画する道もあります。

それでもどうしてもスタートアップの起業家になりたいということであれば、シ

リコンバレーに飛び込んでみてください。そもそも起業するようなタイプじゃなかった人が、シリコンバレーに行って何カ月か過ごしていると、起業することが当たり前に感じるようになります。「シリコンバレーに行くと熱病にかかる」と言われますが、これまで起業の熱病にかかってスタートアップの起業家になった方を何人も見てきました。

起業したい学生は1にも2にもまず休学

起業したい学生には「まずは休学を！」といつも伝えています。

起業のアイデアが浮かんだら休学しようという考えで起業できるほど甘くありません。そんな覚悟ではいつまでたっても起業できるはずがないし、そもそも本当に起業したい人は学校なんて行かずに休学同然でビジネスに打ち込んでいます。

学生起業の鉄則① 1つ目のアイデアで成功すると思うな

これは学生に限らない話なのですが、1つ目のビジネスアイデアがとんとん拍子で成功するはずがありません。

小学生が初めてバットを持って、プロ野球のピッチャーからいきなりホームランを打てますか? 打てるはずがありません。いっぱい練習して、何年も試合を積み重ねてようやく打てるようになるのです。

社会人経験があり、その業界の問題点や解決策を把握していて、手伝ってくれる仲間がいて技術力もある場合は、一発目で成功する可能性はゼロではありません。しかし、学生時代に起業して1個目のアイデアでいきなりホームランを打てることはまずないでしょう。

学生起業の鉄則② 四の五の言わずにやってみる

学生起業においては、とりあえずやってみる、始めてみることが大切です。まず破産しない程度にやり始めるのです。

社会人になって結婚して子どもがいると、家族の生活費や教育費も必要なので失敗できませんが、学生の場合は生活コストが低く、自分の生活だけまかなえたらいいので破産しません。友達とシェアして暮らせば、月5万円でもなんとか生きられます。生活コストが低い学生のうちが最も起業に適している時期なので、休学して起業することをすすめているのです。

学校の授業やサークル、テストと掛け持ちしながら起業している学生が、ビジネスだけに本気で取り組んでいる起業家と戦って勝てるはずがありません。学生の部活だったら先輩が後輩に教えてくれますが、起業はいきなり本番の試合であって、手加減は一切してもらえない真剣勝負であることを認識しておきましょう。

退路を断つことで生まれる

起業に興味のある学生向けに講演をしたあとに「今日の話を聞いて休学しようと思った人？」とアンケートを取ると、毎回1割前後の学生がその場で「休学を決めました！」と手を挙げます。そのぐらいのスピード感と勢いで休学する意思決定をして退路を断ちましょう。

休学してしまえば、休学期間中は学業のかわりに何かをしていなければいけないという気持ちになるので、覚悟が決まります。日常生活の中で自然にアイデアが生まれて起業できたらいいな、では実際は何も生まれません。

休学すると周りより1年卒業が遅れるし、それで起業が失敗に終わったらどうしようという心配もあるかもしれませんが、たとえ失敗しても問題ありません。大学はまだ卒業していないので新卒の権利が残っています。就職活動をするときに面接で「休学して起業していました。ビジネス自体はうまくいかなかったのですが、そのときの経験を活かして貴社に貢献したいです」と言ったら、ほとんどの会社で採用されるのではないでしょうか。

また、休学は親に反対されるのでできないと言う学生もいます。しかし、親が学生だった頃とは時代が違います。親の世代は大企業に入ったら安泰と言われていましたが、そう言われていた親の世代が今となってはリストラされています。もはや、とりあえず就職することが正解ではない時代になっています。

休学に反対する親にはこう伝えてください。親は子どもの人生を最後まで保証できるわけではないので、自分の人生は自分で決めたい、と。

また、学生時代の起業であれば同世代の仲間を探しやすいですが、社会人になってからだと難しくなります。社会人になってから失敗すると再就職が難しい場合もあり、家族への負担が大きくなります。起業に興味がある学生への講演でいつも言っているキャッチフレーズは「レッツ休学！」です。

日本版ギャップイヤーを堪能しよう

イギリスでは高校を卒業してから大学に入る前に1年間、ギャップイヤーという期間を取って、留学や旅行、インターンやボランティアなどをして自分の人生を見つめ直します。

日本にはギャップイヤーの考え方はありませんが、大学に入ってから1年間休学し、それを日本版ギャップイヤーと捉えて、新しいチャレンジをしてみるのもいいのではないでしょうか。浪人して大学に入った人と卒業年度は同じなので親には浪人した認識でいてもらって、日本版ギャップイヤーを堪能しながら人生の本番である社会人人生に備えましょう。

もし、休学中の起業が成功して結果的に大学に通えず退学になったら、それはもう最高の名誉です。アメリカ人の親は息子や娘から「起業で成功して大学を退学しなければいけなくなった」と言われたら泣いて喜ぶそうです。大企業に就職するよりも起業することをよしとしているアメリカならではのエピソードですが、日本もいずれはそういう時代がやってくるでしょう。

しかし、そうはいっても親の期待もあります。高い授業料を払ってくれている親のためにも1単位だけ残して休学し、ビジネスがうまくいって忙しくなっても、最後の1単位だけ取って卒業し、親を安心させるかたちで両立することもできます。

社会人が起業するかどうかの判断

社会人の場合、やはり学生起業よりもリスクがあるので、起業に踏み切るのは勇気がいることかもしれません。

社会人が起業するかしないかの判断基準は、「不満に耐えられるなら会社に勤めていたほうがいい、不安に耐えられるなら起業したほうがいい」ということです。不満には耐えられない、ただ不安には耐えられるということであれば起業すればいいし、不安のほうが強ければ起業しないほうがいい。起業した場合は「市場」が自分の上司になるので、何の制限もなくチャレンジでき、成功すれば報酬は青天井です。誰にでもフェアであるかわりに非常にシビアな上司でもあり、保証は一切ありません。

一方、「不満に耐えられるか」というのは、上司のストレスに耐えられるかどうかです。会社の上司は人間ですから市場のようにフェアではありません。上司に好き嫌いがあって理不尽に怒られたりするといった不公平さに耐えられるかどうかが目安です。ただし、良いところは起業するよりは安定や保証が見込めることです。

家庭ある社会人の起業

家庭がある社会人が起業するときは、学生と同じようにはいきません。パートナーに反対されることもありますし、子どもの教育費など削れないコストが増えてきます。学生のときのように、自分さえよければいいというわけにはいかなくなるので、保険をかけてからスタートを切ることが大切です。

一方、学生にはなくて社会人にあるものといえば、社会人時代のビジネス経験です。社会人時代の経験や人脈があるので、しっかりとその強みを活かせる分野で、まずは副業としてスタートさせましょう。

コロナ禍でリモートワークが普及して、移動時間や飲み会が減っているので、社会人にとって非常に起業しやすい環境になっています。家で過ごす時間が増えて、人生を見つめ直した人も多いようです。勤めている会社が影響を受けて、早期退職やボーナスカットにあった人もいるかもしれません。

コロナ禍は、昔からやりたいとは思っていたものの、これまで忙殺されてなかなか起業に踏み出せていなかった社会人にとって、ある意味で良いきっかけなのかもしれません。

現職の会社に対してもらっている給料分以上の貢献をしながら副業をスタートし、「これはいけるかも！」という確信をある程度持てるまでは、掛け持ちでやっていくのがいいでしょう。ただし、市場のトレンドに乗ることも大切なので、しかるべきタイミングで覚悟を決めて飛び込む勇気も必要です。

人材会社を上手に利用しよう

副業からスタートして、そこで収益が上がっていることをしっかり確認したらそのまま起業すればいいかというとそうではなく、もうひとつ保険を設けておきたいところです。副業のときはうまくいっていたけれども、それが本業になったときに、競合や周辺環境が変わったりすることがあるからです。そういう事態になったとしても大丈夫なように、セーフティーネットをしっかり張っておきましょう。

転職の人材会社に「私の今の市場価値はどうですか？」と聞いてみてください。実際に転職や起業をしなかったとしても、自分の実力は市場から見たらどうなんだろうか、と第三者の視点でチェックしておくのです。

自社でしか通用しない市場価値しかないとなると、自社が低迷したときにリスクが高くなります。市場で自分を高く買ってもらうにはどのようなスキルを持っておけばいいか、客観的な意見を聞いて参考にしましょう。副業として始めることと人材会社に市場価値を確認しておくことで、二重の保険をかけておくのです。

車の運転にたとえると、シートベルトとエアバッグがあればある程度スピードを出せますが、それらがなかったら、事故を気にするあまりゆっくりしか走れないのと同じです。スタートアップの起業はアクセルベタ踏みでスピードを出していかないと勝てないので、こういう保険を用意しておきます。

お祝い発注に惑わされるな

社会人が起業するときに注意しなければいけないことは、「お祝い発注」です。社会人はそれなりに人脈もあるので、「起業おめでとう。じゃあ1回発注するよ」と「お祝い発注」をいただけます。起業時にお祝い発注が来ると、「こんな風に売上が上がるんだ」と安心しがちです。

しかし、それは基本的に1回きりです。本当に良いサービスを提供できていたらリピートしてくれる可能性はありますが、一般的に起業時から質の高いサービスを提供できることは稀なので、1回きりと考えたほうがいいでしょう。

お祝い発注のあとは「死の谷」と言われる深い谷がやってきますが、そこを乗り越えられるかどうかで、そのあと生き残れるかどうかが決まります。

起業成功の秘訣はＴＴＰ

起業成功の秘訣はＴＴＰ、つまり「（Ｔ）徹底（Ｔ）的に（Ｐ）パクる」ことです。徹底的にパクれと言っている起業本はあまりないと思いますが、パクるということも起業成功の手段として重要です。パクるという表現の印象が悪ければ、「創造的模倣」と頭の中で言い換えてください。

起業したときはヒト・モノ・カネ・情報といった経営資源が乏しいので、どこのアイデアも参考にすることなくゼロから起業して成功するのはまず不可能です。

「学ぶ」という言葉の語源はなんでしょうか。答えは「真似ぶ」です。

あなたが今使っている日本語や漢字は自分で考えたものでしょうか？　小さい頃に親や先生から教えてもらって、今は当たり前のように日本語を使えています。みんな生まれたときからパクっています。いえ、真似んでいるのです。

アートでも音楽でもなんでもそうですが、いろいろな作品からインスピレーションを受けて、その上に新たに自分のアイデアを乗せた作品づくりをしているわけです。成功している人で、完全にすべてをゼロからつくった人はいないのです。

「真似び」なくしてiPhoneなし

あのスティーブ・ジョブズが100年前に生まれていたら、iPhoneをつくれたでしょうか？　それはありえません。スティーブ・ジョブズでさえも、いろいろなところで真似びながら、その中で創造的模倣でアイデアを思いついていたのです。

起業して成功するためにまずやるべきことは、自分が興味のあるジャンルでさまざまな会社の良いところを参考にすることです。市場にある複数の会社やサービスを参考にしながら、そこに自社だけの強みやオリジナリティ、切り口を加えていきます。

完全に真似をすれば、競合サービスの100％までは追いつけます。そこにさらに自社の強みを足していき、競合サービスの110％、120％、200％、300％……と競合優位性をつくっていくのです。

本当に大変なのは、王者になったあと

そうして競合に勝てるサービスをつくっていくのですが、本当に大変なのはサービスが成功してナンバーワンになってからです。

たとえば、ボクシングの世界王者を目指す挑戦者は「王者になる！」という目標があり、倒したい王者がいます。王者を倒すために、王者の闘い方を研究し真似をすることで自分も強くなっていくでしょう。けれども、自分が王者になると、目標や参考にできる人がいなくなります。

ボクシングでも「王者になるより王者の座を防衛するほうが難しい」と言われているように、自社サービスが王者になったら、追随してくる競合に真似されても、それ以上のスピードで新たな道を切り開いていかなければいけないのです。

メンターの重要性

私は2000年に学生起業をしましたが、当時はドットコムバブル全盛でインターネットが一気に盛り上がった時代でした。

当時も今も、地上には飲食業や製造業といった現実世界に根ざしたビジネスがありますが、そのときはもうひとつの惑星が生まれたかのようにインターネット上に新たなマーケットが生まれたのです。イーロン・マスク氏が火星移住計画を進めていますが、火星に行くには片道9カ月かかります。でも、インターネットには一瞬でアクセスできます。そんなところに新たな世界ができたので、みんなが大興奮していたのです。

その頃のインターネットは、火星の大地のように本当に何もない荒野でした。そんな時代だったので、取るに足らないようなサービスを立ち上げても、「あそこに何かが建ったぞ」と人が集まっていました。

まるでバーニングマンです。バーニングマンというのは、アメリカで砂漠に1週間だけ街をつくるイベントです。東京ドーム300個以上という規模の町を一気に

バーニングマンでつくられた街は、わずか１週間で無に帰す

つくり、アートを展示したりカフェを開いたりと、参加者は思い思いのことをして過ごします。そして1週間後に男性の人形（バーニングマン）を燃やして、すべてを無に帰すのです。2000年のインターネットは、まさにバーニングマンの街のような状態でした。

当時は、私のようにデザインもプログラミングもできず、単にインターネットが大好きで、インターネットでビジネスをしたいと思っているだけの学生でも、注目されるようなサービスをつくることができました。

ビジネスの実力がある40代以上の大

人は、現実世界のビジネスで忙しかったので、新しいインターネットの分野には興味を持っておらず、何が起きているかも理解できていませんでした。さらに、2000年にドットコムバブルが弾けたので、インターネットの世界は危ないと敬遠されていたのです。

今でいうと10代や20代の若者はまったく抵抗なくTikTokに動画を投稿していますが、40代以上の大人たちの大半は抵抗があって投稿できません。それと同じような状況でした。

当時はスキルがある人もいなければ、インターネット上の情報も少なかったので、DIYの感覚でビジネスをつくっていました。手づくりテントから始め、次はアパート、そしてマンションと、徐々に立派になっていくようなイメージで、GoogleやFacebookといったウェブサービスが台頭してきました。

20年以上経った現在は、インターネット上のビジネスやスタートアップの環境は、サンフランシスコのダウンタウンのような状態になっています。

20年前とビジネス環境がまったく変わってしまったのです。私が今この時代に昔

現在のインターネットは、サンフランシスコの街のようなもの

と同じやり方で起業することは、サンフランシスコのダウンタウンにテントを建てるようなものです。

現在のスタートアップの起業では１から時間かけてつくって失敗して、またつくり直すという時間はありません。そのため、今のような時代に初めて会社を立ち上げる起業家にとってはメンターの存在がとても重要です。エンジェル投資家やＶＣがメンターの役割を担うこともあります。Chatworkもシリコンバレーでは、メンターを付けたほうがいいとアドバイスをもらい、ついてもらっていました。

スピード感がまったく違う

メンターがいるかどうかで、まったくスピード感が違うというエピソードをお話しします。

Chatworkは日本ではKDDIと提携していて、中小企業はインターネットでアプローチし、大企業はKDDIがアプローチするという良い協業関係ができていました。そこで、同じようなアプローチを全世界で展開しようと考えました。メンターに、「アメリカなら、T-Mobile・Sprint・Verizon・AT&T、スイスならSwisscom、ドイツならDeutsche Telekomといった、全世界の携帯キャリアと提携していきたい」と相談しました。

すると、「君たちはどうやってアプローチしようとしているの?」と聞かれたので、「モバイルワールドコングレスという、スペインで開かれる世界最大の携帯キャリアの展示会があるので、そこに出展するつもりだ」と伝えました。すると、「何とバカらしいアプローチをしようとしているんだ。ここはシリコンバレーなんだから、全世界の携帯キャリアの研究開発部門が拠点を構えているに決まっているのに、目的の担当者に当たるかどうかもわからない半年後のイベントを待って、わざわざスペインにまで行くなんて時間とお金の無駄だ」と言うのです。

当時、アメリカのＬＩＮＥのようなメッセージサービス、WhatsAppがFacebookに約2兆円で買収されました。ショートメッセージで稼ぐビジネスモデルがFacebookに一気にひっくり返されてしまうかもしれないということで、全世界の携帯キャリアが焦っていました。「世界中の携帯キャリアが集まってFacebookやWhatsAppの対策をどうするかを話し合うイベントが、来週シリコンバレーで開かれることを君は知っているか？」と聞かれました。

まったく知らなかったので驚きましたが、「そのイベントなら５００ドル（５万５０００円）で出展できるので、来週そこに行ってきなさい。」と言うわけです。そこにはメッセージサービスの今後に危機感を持っている携帯キャリアの担当者が全世界から集まるので、そこでＫＤＤＩとの提携モデルを各国の携帯キャリアに提案すればいいということでした。

メッセージサービス対策のための集まりにChatworkが参加するのは、普通に考えるとありえません。しかし私は言われた通り、そのイベントに参加しました。「私たちは無料のチャットサービスではなくビジネスチャットで、企業からしっかりとお金をもらっていて、提携しているＫＤＤＩはマネタイズできています。あなたの国で、私たちと組みませんか」と提案したのです。

するとその場でSwisscomとSprintが興味を持ってくれて、商談につながりました。

この事例のように、メンターとのつながりと適切な情報があるだけで、戦い方がまったく変わります。メンターをうまく活用しないとそもそも勝てない時代が来ているのです。

column

column
05

コロナ禍は起業家にとって大チャンス

コロナ禍は起業家にとって大チャンスです。このような状況でなければ、ヒト・モノ・カネ・情報の乏しい起業家がゼロから起業して成功するのは非常にハードルが高いのです。なぜかというと、既存のプレイヤーが強いからです。

平常時であれば、既存のプレイヤーがまだ参入していない新しい市場や新しい技術を見つけ、スピード感を持って勝ち上がっていかなければいけません。ある程度市場が大きくなってきたら大企業が参入してパイを取りにくるので、経営資源の潤沢な大企業と熾烈な戦いをすることになります。

しかし、市場が混乱するようなリーマン・ショックや大地震、コロナ禍は状況が違います。波にたとえると、凪いでいるときはタンカーや戦艦のような大企業が強いのですが、大津波が来るような大きな変化があるとき

column

は素早い方向転換をして大津波の波に乗らないといけないので、小回りが利くサーファーのようなスタートアップや、クルーザーくらいの中小企業が有利になります。タンカーや戦艦は面舵いっぱい方向転換をしても、すぐには曲がれないし止まれないのです。

ビジネスにおいても、まさに同じようなことが言えます。大企業であっても、コロナ禍では早急にビジネスモデルを変えないといけません。

航空会社はこれまでは人を運んでいましたが、コロナ禍で急遽物流に切り替えた航空会社は、大きな利益を上げました。一方、そこで切り替えられなかった航空会社は大規模なリストラを迫られたり、別の航空会社に買収されたりしています。以前からそのビジネスだけで利益を上げてきた人たちは、起業家マインドがなく、そのような大きな変化を前にしても自分たちの考え方ややり方をすぐには変えることができません。

アフターコロナを見据えて新たに生まれてくるマーケットは、起業家にとって大チャンスです。今が大きくチャレンジするタイミングなのです。

column

起業家Q&A①

Q

起業家がエンジニアではない場合、プロダクト開発のために自社でエンジニアを雇い、外部のCTOなどに一時的に入ってもらって社内で育成する方法と、ベトナムなどの会社に外注する方法では、長期的に見たときにどちらのほうが良いでしょうか。

A

どのくらい開発が必要なプロダクトかにもよりますが、Chatworkの場合は競合が強いのと技術的に難しい部分があるので思いきって内製化しないと絶対に勝てませんでした。ほとんどのスタートアップのプロダクト開発は内製化したほうがいいと思いますが、プロダクトによっては外注でも問題ない場合もあります。内製化して戦わないといけないプロダクトだという前提で話すと、強いエンジニアチームを自社でつくろうと思っても、優秀なエンジニアは自分よりすごいエンジニアがいる会社に入りたがる傾向があるので、いきなり自社に優秀なエンジニアを入れるのは至難の技です（CE

Oがエンジニア出身の場合は除く)。一段ずつ階段をのぼるように積み上げていく必要があるので、優秀なエンジニアチームをつくるには時間がかかることを覚悟しておいたほうがいいでしょう。

また、国内であれ海外であれ、思いっきりコミットしてくれるエンジニアチームにすべきです。しかし、遠隔でエンジニアがしっかり働いてくれていたとしても、開発が遅れてくると雇っているほうは疑心暗鬼になります。そうしてエンジニアを責めて解散してしまう会社は山ほどあるので、注意が必要です。

起業家がエンジニアではない場合は、技術顧問を付けることをおすすめします。副業として月5〜10万円でお願いして、エンジニアとコミュニケーションする際の通訳になってもらうのです。なぜ開発が遅れているのかを尋ねてエンジニアに技術的な内容で返されたときに、開発の知識がなければそれをただ受け入れるしかありません。隣に技術顧問がいれば、「こうしたらできるのでは?」と間に入ってもらえるので、エンジニアを甘やかすことにもなりませんし、エンジニア自身も別の視点から気づきを得られます。

第 6 章

事業をつくる

ビジネスアイデアの発想法

大事なのはペインの大きさ

新規事業を生み出すビジネスアイデア発想法についてお話しします。最も大事なのは、始めようとしている事業が社会的に大きな問題となっているようなペイン（痛み）を解決するものかどうかという視点です。大きなペインがあるほど、そこには大きな市場があります。「あったら便利だな」レベルのペインだと市場は小さいでしょう。

学生のビジネスアイデアの相談に乗ったりピッチイベントの審査員をしたりしていても、自分で体験したり想像できる範囲の発想になっていて、ペインが小さいケースが多いと感じます。学生のアイデアで多いのが、学生の小さなペインを解決するサービスです。たとえば、大学の授業の時間割がわかりにくいので時間割管理サービスをつくるというアイデアはその典型です。

ビジネスアイデアは、そのサービスがなくなると本当に困るようなものであるかどうか、社会的に問題になるくらいの大きな市場があるかどうかが重要です。

自分の強みの見つけ方

ビジネスアイデアを発想するときには、自分の強みを掛け合わせる必要がありますが、「自分の強みが何かわかりません」という人がいます。強みを見つける方法として、自分のことは自分自身では気づきにくいので、まずは周りにいる10人ほどに聞いてみることで自分では想像もしていなかった強みを発見できることがあります。

どういうことが強みなのかというと、自分は当たり前にできることで、周りの人に対して「なんでそんなことがわからないの?」「なんでそれができないの?」と思うようなものです。自分が当たり前にできてしまうために、それが自分の強みであることに気づきにくいのです。

私の場合は、「なんでそんな意思決定ができるんですか?」「なんでそんなに行動が早いのですか?」と言われます。学生起業してサービスをつくってシリコンバレーに飛び込んで……という意思決定や行動を当たり前のようにしていましたが、実はそういうところが強みだということに、あとになって気づきました。

自分の強み＋α＞ゼロスタート

自分にとっては当たり前のことというのは、当人からすればそれをやるのは飽きているものです。当たり前にできてしまうし、もっと新しいことにチャレンジしたいと思って、自分の強みではないところに手を出すケースがあります。しかし、強みでない分野でゼロからスタートしても、その分野に強みがある人には勝てません。ゼロからスタートするよりも、すでにある自分の強みに新たな要素を足して、強みの延長線上にある分野で取り組んでいくのがいいでしょう。

かくいう私もChatworkのCEOの座を弟に譲ってから新たに何をやろうか考えたときに、もう一度スタートアップをつくって上場させることは、できて当たり前なので、他のことがやりたくなってしまいました。

学生時代のロサンゼルス留学中に、親に仕送りをもらいながら銀行借入はせずノートパソコン1台でネットサービスを次々に立ち上げて、最終的にChatworkに行き着き、シリコンバレーに飛び込んで、18億円の資金調達後に東証マザーズへ上場させる、という流れでした。それとは真逆と言っても過言ではないくらいのまったく違うチャレンジがしたくなり、地方に美容関連の実店舗を1年で10店舗出店しました。実店舗の出店、銀行借入、美容業界、働くスタッフもお客様も女性のみ。すべてが私にとって初めてのことだらけで、まったく違う世界を体験できましたが、私に強みのないことばかりでした。

振り返ってみると当たり前なのですが、新しい事業はこれまでの経営経験やノウハウをいくら駆使しても思ったように伸びないのです。これまで時代を先取りするようなネットサービスばかりを立ち上げ、ブルーオーシャンでしか戦ったことがないのに、まったく興味のない超レッドオーシャンな美容業界に何の強みもない私が飛び込んでもうまくいくはずがありませんでした。

そのあと美容の店舗は大手企業に吸収合併してもらい、スタートアップの世界へ戻ってきてました。プレイヤーとしてではなく自分以上の起業家と投資家を大量に育成するプロジェクトを始めたら、あれよあれよの急展開でうまくいくばかりか、取材や講演依頼も来て、この本の出版まで決まってしまいました。改めて自戒の念を込めて、自分の強みとその延長線上にある事業に取り組むべきだと主張しておきます。

トレンド×タイミング×強み

強みが見つかったら、世の中のトレンドやタイミングと掛け合わせます。

たとえば私は一般消費者のトレンドを企業向けにアレンジすることを得意としています。YouTuberが流行っていればビジネスYouTuberを始めたりＬＩＮＥをビジネス向けのチャットとしてChatworkのようにアレンジしていくというのが私の勝ちパターンです。勝ちパターンは人それぞれ異なるので、自分だけのオリジナルを見出してみてください。

私は企業向けのサービスしか手掛けたことがありませんが、企業向けのビジネスをしている人がトレンドを先読みするには、10代の動きをウォッチするのがおすすめです。

少し前なら「最近、TikTokが流行ってきている。これは動画の時代が来ているな」

とわかったはずです。動画の時代が来るとはいっても40代の自分がTikTokをやるのは抵抗があったので、それならYouTubeだろうということで、国内で先陣切ってビジネスYouTuberを始めました。２０１９年当初は「ビジネスのことをYouTubeで発信するなんて」という声もありましたが、今となっては当たり前になっています。

また、すでにお話しした通り、私がＩＴ業界で起業できたのも、タイミングが良かったことが大きく影響しています。私が起業した２０００年は企業がようやくホームページを持ち始めた時期でした。企業は既存事業に手がかかっていて新しい事業をスピーディに立ち上げることは難しく、インターネットを敬遠する人もいたので、デザインもプログラミングもできない私でもＩＴ業界で起業できたのです。タイミングがいかに重要かおわかりいただけるでしょう。

ビジネスアイデアのチェックリスト

スタートアップのビジネスアイデアがうまくいくかどうかを判断するためのチェックリストを用意しました。これらの10項目をクリアできているか確認してみてください。

① どう新しくてイノベーションなのか

新しく始めようとしているビジネスは何がどう新しいのか、イノベーションと言える要素があるかは重要なポイントです。スタートアップの存在意義は「今までにないイノベーションを通じ、人々の生活と世の中を変えること」で、イノベーションがないとそもそもスタートアップではありません。エグジットを目指すのであれば必須の項目になります。

②このビジネスはスケールするか

エグジットするには、ビジネスがスケールしないといけません。労働集約型モデルであれば、1人当たりの売上高には限界があり、10人になったらそれが10倍、100人になったら100倍になるかというと、組織の問題が出てくるので、そう単純にはいきません。労働集約型モデルはスケールしないのです。けれどもITサービスならサーバーを増強でき、製造業であれば工場の生産能力を拡張できるのでスケールできます。

③スケールしたときの品質は担保できるか

一気にスケールできたとしても、その後も成長を続けるには提供サービスの品質が落ちてはいけません。

ITサービスであればサーバーの増強で提供サービスの品質を一定に保てます。サービス提供に人が介在するビジネスは、増員に伴って品質が低下する可能性があります。人が介在する場合でも品質が担保できる仕組みや教育体制、評価システムが必要です。

日本ではUberEatsのほうが有名なのでUberはデリバリーサービスとして認知されているかもしれませんが、アメリカでUberといえば、タクシーのライセンスを持っていない人がタクシーのように料金をもらってお客様を運ぶ、いわゆる白タクサービスです。簡単にドライバー登録ができて、空き時間にお客様を運ぶことで稼げるUberは、アメリカではタクシー会社のイエローキャブを倒産に追い込むほど普及しています。全米のお客様を運ぶには各地にドライバーが必要なので、ユーザーを急速に増やす必要がありました。

そこでどうやって急速にドライバーを増やしながら品質を担保しているかというと、運転手とお客様の相互レビューシステムが秀逸なのです。まずドライバーへの評価ですが、お客様からのレビューの平均が4・7（5点満点）を下回ると自動的にクビになります。

ドライバーはクビにされないためにレビューで絶対5を取らないといけないという意識が働き、いかに5をもらうかを教え合うドライバー同士のオンラインコミュニティやマニュアルがあります。「お客様が乗ったらミネラルウォーターを渡しましょう」「携帯の充電器を設置しましょう」「荷物は取り出してあげましょう」など、ドライバー同士で高め合う仕組みができています。また、ドライバーからもお客様を評価する仕組みになっていて、評価が低いお客様や登録したばかりのお客様は評価が低いドライバーにマッチングされる仕組みになっています。

④過去にこの領域の経験があるか

起業家がその事業領域に対してどんな強みを持っているかも成功に必要な要素です。わかりやすい例でいうと、その業界でインターンでもアルバイトでもいいので働いた経験があって、現場で解決すべき大きな問題を発見し、解決するアイデアを持って起業しようとしているなら、より有望といえます。

そういう業界経験がなく、どうしても解決したい課題を発見して起業したいなら、学生であれば急がば回れでインターンしてみる、社会人であってもその業界で3年ぐらい期間を決めて飛び込んでみるのもいいでしょう。

また、領域の強みは自分だけで探す必要はなく、自分の周りの親族や友人から探すのも手です。

⑤学生が考えがちなアイデアではないか

社会経験がない学生は自分自身の環境で考えるので、旅行、写真、フード、SNSのような自分がイメージしやすいジャンルのアイデアになりがちです。でもこのようなジャンルはすでに世界一線級のプレーヤーに独占されているので、そこにビジネス経験がない学生が戦いを挑むのは非常にハードルが高いのです。

もしくは、学生だけにしかニーズがないアイデアの場合も少なくありません。時間割管理アプリや、コピー用紙の裏側に広告がついていてコピー代を無料にするというようなアイデアはその典型です。一定数のユーザーもつくし、あったら便利かもしれませんが、獲得できるユーザー数の上限が学生の数止まりな上に、卒業するとせっかく獲得したユーザーが離れてしまうため、毎年新規ユーザーを獲得し続けないといけません。

そして何より学生はあまりお金を持っていないので、大きなビジネスには発展しにくいのです。学生向けサービスを提供している大手企業にM&Aすることは可能かもしれませんが、上場を目指せるビジネスモデルではありません。

⑥市場はあるか、すでに競合はいるか

ブルーオーシャンを狙う人がいますが、２章で述べたようにブルーオーシャンだけども死海のように魚もいない海では意味がありません。見逃されている社会的に大きなペインがあり、それを自分が発見し、自分の強みを活かして解決できるようなブルーオーシャンはなかなかないのが現実です。

一方、新たな市場を自らつくっていくことは本当に体力、資金力、組織力を要します。市場をつくるには、ソフトバンクとヤフーの共同出資会社であるPayPayがスマホ決済サービスを広めるために実施した「１００億円あげちゃうキャンペーン」のような大胆な施策が必要だったりするので、スタートアップで新しく市場をつくるのはなかなか大変です。

それなら、海外で数十億円、国内で数億円をすでに資金調達している競合のスタートアップがいるかを参考にしたほうが早いです。競合はいたとしても市場は確実にあるし、自分の強みを活かせる領域であれば違う切り口で切り崩せる可能性があるからです。

⑦口コミが起きるか

広告でユーザーを獲得するのは手段のひとつではありますが、広告を出し続けないとユーザーが獲得できないのでは、資金力の乏しいスタートアップにとって非常に厳しくなります。広告なしでも口コミで広がっていくアイデアであったり、ユーザーがユーザーを招待しないといけないような仕掛けがあるといいでしょう。

Chatworkはコミュニケーションツールなので、相手がいないと使えないため誰かを招待せざるを得ませんし、相手からメッセージが届くとプッシュ通知が届いて、またそのアプリを使うことになります。アメリカのUberは、友人を招待したら紹介した人と紹介された友人の両方に15ドルクーポンがもらえます。Uberの競合であるLyftも同様のクーポンを配布していましたが、1回当たりに使える金額を制限し、5回使うと満額クーポンを消化できるというように、アプリ利用を習慣化するような仕掛けをしていました。

⑧ビジネスモデルが広告頼みになっていないか

ビジネスアイデアの多くがマネタイズ手法はユーザーを増やして広告で稼ぐというものです。しかし、広告で大きくマネタイズするのは相当なユーザー数が必要ですし、広告会社に売上を依存してしまうリスクがあるので、広告でのマネタイズはおまけ程度に考えておくべきです。広告以外でユーザーからサブスクリプションの料金や、販売代金、仲介手数料をもらったり、オプションに対して課金するなど二重三重のマネタイズ手段を考えておき、1つ目がダメなら2つ目、3つ目と次々に打ち出して手詰まりにならないようにしましょう。

⑨サービスへの依存度・リピート頻度が低くないか

単発買い切りのサービスだと常に新規顧客を開拓し続けないといけないので、まるで穴の空いたバケツに水を注ぐようなものです。獲得したユーザーにいかにリピートしてもらえるか、そしていかに依存させるかが重要です。「これを使わないとや

って けない！」というサービスになっているかを確認しましょう。

悪いビジネスアイデアの典型例は、旅行先の現地のお店を紹介する海外旅行のアプリです。海外旅行は1年に1回行くか行かないかという人がほとんどなので、新規に旅行する人を獲得し続けていく必要がある上に、その人がどこの国に行くかわからないので広告掲載費用をもらう店舗を絞ることもできません。どの国のどの都市の飲食店にどうやってアプローチするのかがハードルになって頓挫します。サービスへの依存度やリピート頻度もしっかりと考えていく必要があります。

⑩世間が応援したいと思えるようなビジネスか

世間が応援したいと思えるようなビジョンやミッションがあるビジネスアイデアであれば、人はそのストーリーに巻き込まれていきます。稼ぐためだけでストーリーのないビジネスアイデアは結局うまくいかないことも多いので、社員や投資家も含めてすべてのステークホルダーが巻き込まれてしまうようなビジョンやミッションがあるかも重要です。

なかなかアイデアが生まれない場合

ビジネスアイデアがない場合にそれを解決する手法は、日々の資金調達情報を見ておくことです。資金調達ができているということは、その領域には投資家がいてマーケットがあるということの裏付けになります。そういう情報の中から自分のビジネスアイデアの着想を得ることもひとつの手法です。

おすすめのツールは、Googleアラートというサービスです。Googleは全世界のインターネット上にあるホームページを毎日頻繁にクローリングして、情報をストックしています。Googleアラートで興味のある領域のキーワードを設定すると、過去24時間以内に出てきたニュースやホームページをGoogleがメールでまとめて送ってくれます。

また、確実に大きなマーケットがあるのは世界のユニコーン企業のリストです。世界には数百社以上のユニコーン企業がありますが、未公開企業で10億ドル以上の企業価値が付いているということは、非常に大きく上場できると見込まれているビジ

［Googleアラート］

ユーザーが指定したキーワードを含むホームページやニュースを自動的にメールで通知してくれるサービス。

https://www.google.co.jp/alerts

ネスのアイデアということです。ユニコーン企業のビジネスモデルから、日本市場で空いている領域を探すといいでしょう。日本に存在しないユニコーンのビジネスモデルで、自分の強みが活かせて、そのビジネスにチャレンジしたいと思えるものがあれば、挑戦すべきです。

Crunchbaseの使い方

Crunchbaseという世界最大級のスタートアップデータベースを使って自分が関心のある領域についてリサーチしてみましょう。たとえばCrunchbaseの検索ボックスに「chat」と入れると、チャットビジネスを展開している企業やそれに関わる人などが出てきます。

表示された最上位の企業を押してマイリストに入れておくと、その企業がプレスリリースを打ったタイミングで通知が来るようになります。アメリカのアクセラレーターや投資家は、このCrunchbaseを使って資金調達情報をトラッキングしています。

［Crunchbase］
世界最大級のスタートアップデータベース。
https://www.crunchbase.com/

文化を変えるのは難しい

経営資源に乏しいスタートアップが、文化や習慣を変えるのは非常に難しいことです。たとえば、日本とアメリカの違いでわかりやすいのがデザインと食です。いずれの国もそれぞれの価値観がありますが、相手を理解することなく自分の価値観を押し付けるとうまくいきません。

日本人にもデザインにこだわっている人はいますが、アメリカ人のデザインへのこだわりは半端ではありません。日本人はデザインに対して「安かろう、悪かろう」なところがあります。ホームページをつくるときに中小企業の経営者は「30万円ぐらいでできないかな。いや、もっと安くできないかな。クラウドソーシングを使ったら10万円ぐらいでできないかな？」と、とにかくデザイン費を安く抑えようとします。

一方アメリカは、デザインは一番重要なものだと認識しているので、デザイナーの奪い合いです。単価がどんどん上がっていくだけでなく、優秀なデザイナーがいれば社員として企業内部に取り込みます。Appleのような会社ならまだしも、アメリカでは銀行のような、それほどデザインにこだわる必要がないと思われがちな業界でも、優秀なデザイナーがいるデザイン会社を買収してデザイナーを確保することがあります。

一方日本の場合は、ＩＴ企業や印刷会社でもない限りデザインはできるだけ外注に出して、コストを安く抑えたいという真逆の考え方です。日本のデザイナーは売上を上げるために数をこなさないといけないので、よいデザイナーが育ちにくい環境になっています。日本のプロダクトデザインが海外に勝てない要因はそういうところにあります。

一方、日本人とアメリカ人は食でも真逆の価値観です。日本の懐石料理やお寿司などはすごく繊細でこだわりがあります。日本人は食の優先度が高いのです。アメリカ人は食に対しては優先度が低く、ハンバーガーやステーキ、ピザなど、大味なところがあります。それを日本人の感覚で、アメリカ人の食の価値観を変えてやろうとするのは無謀です。スタートアップが文化や習慣を変えるのは難しいので、その文化や習慣をしっかりと見てそれに合わせたサービスを提供していく必要があります。

新規事業の成功確率を上げる鉄則

立ち上げ時のNGポイント

新規ビジネスのアイデアを思いついてそれを始めるときには、理想のイメージがあると思います。しかし理想と実際リリースしてみたときの現実はまったく異なり、ユーザーの反応も想定通りにはいかないものです。つくっている側としては、プロダクトがリリースできたら想定通りに売れていくという幻想を抱いてしまいがちです。けれど実際は想定外のことが必ず起きるので、時間をかけてサービスや製品の完成度を高くし過ぎてからリリースしてはいけないのです。

新規ビジネスはMVPが大事

新規ビジネスはMVP（Minimum Viable Product）をつくることが大事です。MVPとは、最小限の機能を備えたサービスのベータ版を提供して市場の反応を見ることをいいます。しかしここでお伝えしたいのは、もっと前の段階のことです。実際には動かなくてもいいので、取り急ぎプレゼンテーションソフトなどで資料をつくり、ユーザーにアプローチして反応を見るのです。とにかくスピード、スピード、スピード。スピードが本当に重要です。

日本人は丁寧で職人気質なところがありますが、その日本人の国民性がスピードを遅らせる原因になっています。ユーザーにはしっかりしたものを提供しないといけないという意識が強いと、そうするとリリースが遅くなってしまう上に、市場にフィットしないサービスができ上がってしまう可能性が高く、成功確率が下がります。

プロダクトをつくるときの時間と完成度の関係は、左頁のグラフのように対数的な曲線を描きます。80％ぐらいまでは全体の2、3割の時間でできるのですが、日本

プロダクトの成長曲線

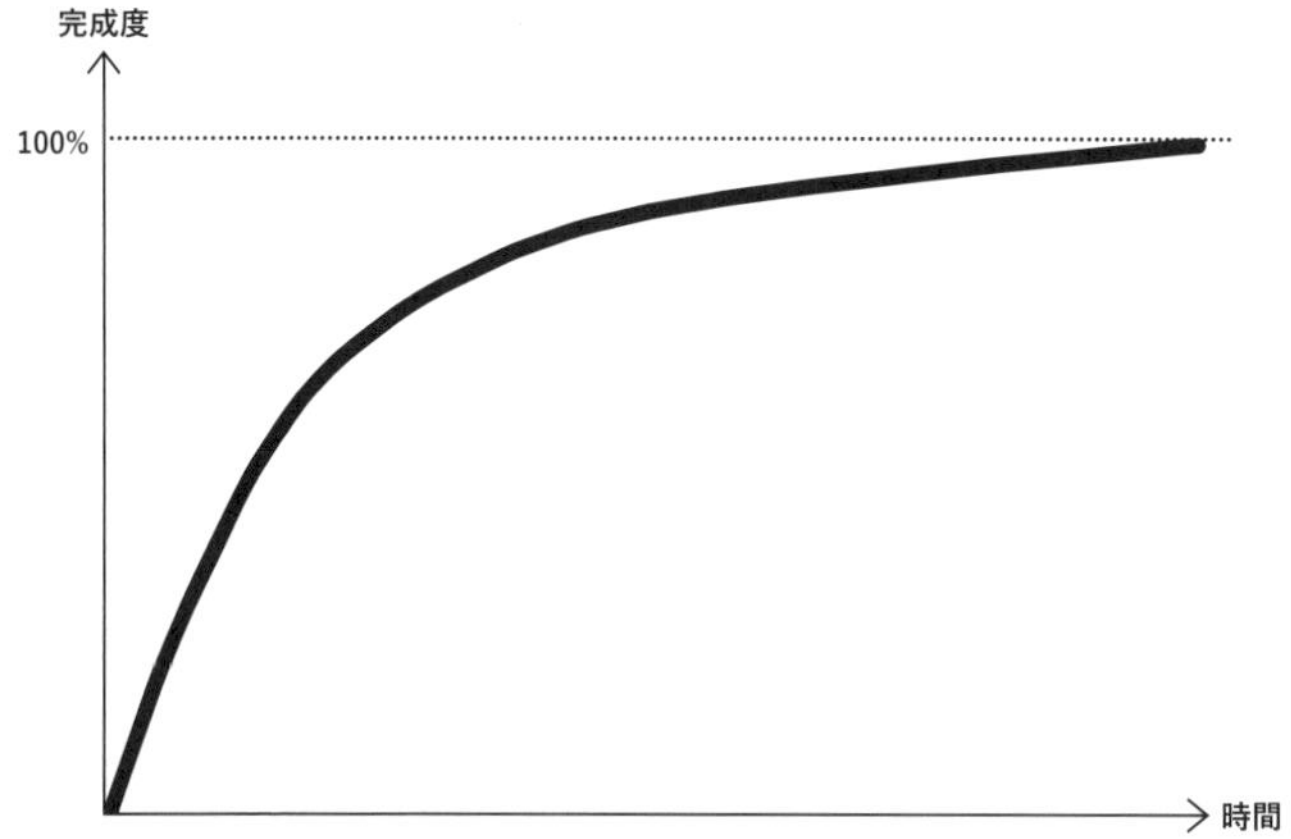

人は残りの20%を3～5倍の時間をかけて完成させてしまいます。シリコンバレーでは80%できたら市場からのフィードバックをもらい軌道修正をして、改善サイクルを超速で回していきます。日本人が100%仕上げているあいだに、シリコンバレーでは222頁の図のように同じ時間で80%+80%+80%+80%で約300%まで持っていくイメージです。

つくり込みに時間をかけていると、市場の反応をスピーディに反映することができず、いざリリースしてみたら市場がまったくなか

シリコンバレーのプロダクト開発のイメージ

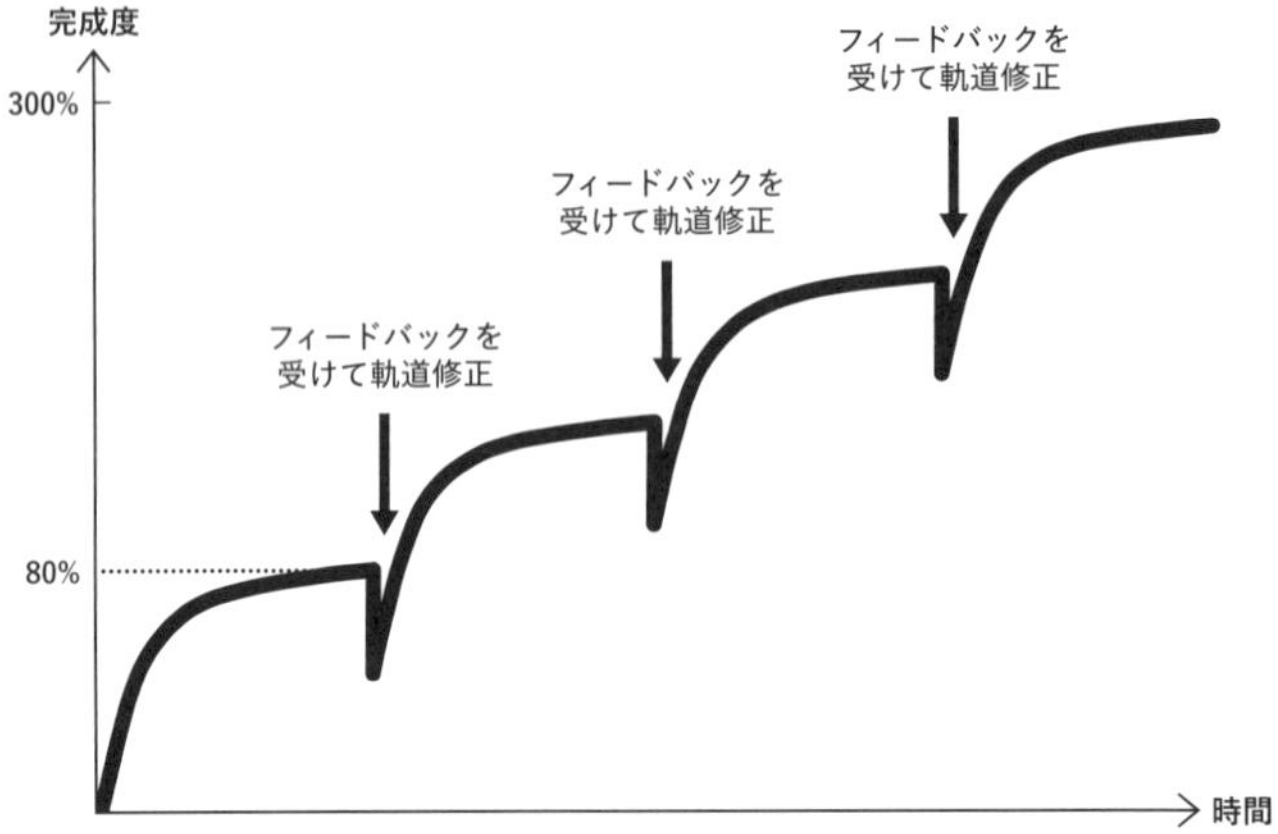

ったという失敗に陥ります。そこから再度つくり直すると時間がかかってしまって、資金が尽きて死んでしまうことになります。

最速で立ち上げろ

起業家に対して口を酸っぱくして言いたいのは、とにかく最小・最短・最速で立ち上げることを意識してほしいということです。

たとえば、コーディングをしなくてもホームページを作成できるSTUDIOというサービスがあります。STUDIOを使ってホームページをつくると、デザイナーでな

［STUDIO］
コーディングなしでホームページを作成できるサービス。
https://studio.design/

くてもうまくいい感じのデザインにできます。プロダクトのプロトタイプをつくるときはProttというツールを使えば、コードを書かず、紙芝居のようにアプリの動きを再現できます。「ここをクリックすると次の画面に飛んで……」という仕様を、アプリが実際に存在するかのように見せながらつくっていけるのです。Prottでつくった画面を見せながらユーザーにヒアリングして「これはいける！」という確信を得たら、そこから本番用のデザインと開発に着手して、サービスをつくりながら、資金調達もして一気に経営資源を投入するといいでしょう。

［Prott］
コーディングなしでプロトタイプ作成を行えるツール。
https://prottapp.com/ja/

column 06

テックジャイアントに負けないスタートアップのつくり方（2）

アメリカ市場には早過ぎた

２０１２年にシリコンバレーでChatworkを普及させるべくイベントに出展したり、あらゆるマーケティング展開を試みましたが、なかなか広がりませんでした。その原因はあとにわかったことですが、シリコンバレーでもビジネスチャットは早過ぎたのです。

ビジネスチャットに関しては日本にはChatworkがあったので逆に日本のほうが世界より先行していました。Chatworkが普及した背景には日本独特のメール文化にありました。「お世話になっております」から始まり、「先日の○○ではありがとうございました」などメールで用件を伝える前に、マナーとしてのメールの体裁にこだわるあまり、一通一通のメールの作成に非常に時間がかかってしまいます。しかし、アメリカ人のメールは

column

数行程度で用件のみを伝えるので、もともとメール自体がチャットのようなシンプルなやり取りでした。日本のほうがメールのコミュニケーションにおけるペインが大きかったのです。

その証拠に、シリコンバレーでSlackがリリースされたのは、Chatworkの2年半後でした。Slackが出てくるまではシリコンバレーでも「ビジネスチャット？　メールでいいんじゃないの？」という反応がほとんどでした。私たちは必死にビジネスチャットの有用性を説いて回っていました。

Slackが出てきたことでシリコンバレーの人も急速にビジネスチャットを導入し始めるようになりました。ビジネスチャットが世界中でブームになり、雨後の筍のように、シリコンバレーを始め世界中から毎月ビジネスチャットサービスが生まれていました。

しかし、シリコンバレーでトップクラスのＶＣがSlackに数百億円を投資したことで、アメリカのビジネスチャット企業は「これはもう勝てない」とあきらめて次々に撤退していきました。Slackが英語版しかなかったことや当時はエンジニア中心に使われていたことから日本市場はまだ大丈夫だと思い、Chatworkは100%自己資本のまま戦い続けていました。

Evernoteがビジネスチャットに参入

しかしその後、以前から面識があったEvernoteの当時のCEO、フィル・リービン氏がビジネスチャットへの参入を発表しました。しかもサービス名が「Work Chat」だったのです！ Slackはまだ日本にほとんど入ってきていなかったけれど、Evernoteは日本語版もあり日本市場でかなり浸透していたので、このニュースを見たときは「本気で殺しにきた」と足がガクガク震えたのを覚えています。

そのときにこのまま自己資本だけでやっていたら中途半端で終わってしまうと思い、VCから資金調達して一気に加速することを決めました。1回目は3億円、2回目は15億円の資金調達をして、30名体制だった組織を一気に90名に増やしました。これがChatworkが中小企業からスタートアップに変わったタイミングです。

column

その後の日本市場は、英語版にもかかわらずSlackがスタートアップ企業に徐々に浸透してきて、日本ではＬＩＮＥがLINE WORKSをリリースしました。ほかにもDropbox・Facebook・Microsoftなどが次々にビジネスコミュニケーション領域に参入してきて、テックジャイアントのオールスターじゃないかと思えるほど知名度のある競合ばかりになりました。

最初は1社でも競合が増えると気になっていたのに、強い競合が参入してくることで、もともと存在しなかったビジネスチャット市場を広げてくれるというメリットがあることがわかりました。さらに、大きいもの同士が戦っている間は逆に隙ができることも見えてきました。

Chatworkはビジネスチャット専業ですが、テックジャイアントは経営資源が潤沢にあるとはいえ、たくさんの事業を抱えています。どこのマーケットでどのターゲットにどうアプローチするかという戦略次第で、どんなに強い競合が出てきたとしても、少なくとも東証マザーズへの上場であれば可能だという確信に変わりました。

あきらめの悪さなのか、無茶なのか

アメリカでの戦略も方針を切り替えました。シリコンバレー在住のときにオバマ大統領からトランプ大統領に替わりましたが、その大統領選を見ていて、アメリカという国はまるで2つの別の国が共存しているようだと思いました。

ビジネスに置き換えると、アメリカ西海岸のビジネスパーソンはパソコンはMacを、ビジネスチャットはSlackを使っていますが、東海岸はパソコンはWindowsを、そしてビジネスチャットはSkypeを使っているというようにわかりやすく分かれているのです。

Chatworkはプロダクト開発のためにシリコンバレーに拠点を置きつつも、アメリカ国内のターゲットは東海岸へとシフトしました。フロリダでの展示会に出展したり、マーケティングでも東海岸へアプローチしたりしていましたが、シリコンバレーに移住して5年が経ったときに大きなニュースが入ってきました。Microsoftのビジネスチャット「Teams」が無

column

料で提供されるというニュースです。

日本では非ＩＴ層をターゲットにChatworkを提供しており、アメリカでも同様のアプローチとして東海岸を狙っていました。けれども、アメリカ人の非ＩＴ層が、日本企業の新たなツールを使うよりもWindowsやSkypeを使っている流れで無料のTeamsを使うことは明白でした。

シリコンバレーでの事業展開は焼け石に水のような何をやっても効かない感覚がありましたが、「あきらめなければ必ず活路を見出せる」という経営の鉄則を胸に続けていました。しかし、このニュースを見て、「あきらめの悪さと無茶は違うな」と思い、いったん日本で上場して、仕切り直して再チャレンジすべきと判断しました。

アメリカでは飛ぶ鳥を落とす勢いだったSlackも、MicrosoftのOfficeと連携するというパワープレイを前にユーザー数で一気に抜かれてしまいました。すでに上場していたSlackも単体では勝てないと判断したのか、セールスフォースへ買収されるかたちで次の展開を模索しています。これまでほかのサービスの買収劇を見ていてもわかるように、今後のSlackは買収前のような革新的な機能追加や斬新なアプローチを止めてしまうでしょう。

シリコンバレーの企業はここぞというときに一気に参入してきますが、勝てないとわかると、あっさり撤退するのが特徴です。私は、一度取り組み始めたらなかなかあきらめずにやり続ける日本人の国民性は、グローバル的に見ても強みだと思っています。その証拠に、創業100年以上の企業数が世界で圧倒的に多いのが日本です（左図参照）。

日本での上場に向けた戦略

2017年、日本のChatworkはすでに営業体制からマーケティングまでおおよそ出来上がっていて、上場が見えていました。シリコンバレーから帰国した私は、Chatworkを大きく上場させるためには日本で何をするのが効果的なのか、戦略を考えることにしました。

当時のChatworkの営業体制はSlack・LINE WORKS・Microsoft Teamsと同じアプローチで、東京だけに営業の布陣を構えて大企業へアプローチ

創業100年以上・200年以上の企業数と比率

創業100年以上

順位	国	企業数	比率
1	日本	33,076	41.3%
2	アメリカ	19,497	24.4%
3	スウェーデン	13,997	17.5%
4	ドイツ	4,947	6.2%
5	イギリス	1,861	2.3%
6	イタリア	935	1.2%
7	オーストリア	630	0.8%
8	カナダ	519	0.6%
9	オランダ	448	0.6%
10	フィンランド	428	0.5%

創業200年以上

順位	国	企業数	比率
1	日本	1,340	65.0%
2	アメリカ	239	11.6%
3	ドイツ	201	9.8%
4	イギリス	83	4.0%
5	ロシア	41	2.0%
6	オーストリア	31	1.5%
7	オランダ	19	0.9%
8	ポーランド	17	0.8%
9	イタリア	16	0.8%
10	スウェーデン	11	0.5%

※企業特定の条件は、企業活動ステータス＝活動中、法人形態＝事業所、公的機関、外国企業、宗教法人、小中高校を除く。所在地、売上高（年商100万円以上）情報が収録されている企業。
※記載する創業年数は、企業および団体の設立年から業歴を算出。
※デンマーク、ケニア、コロンビア、南アフリカ、北マケドニアは除外（データの信憑性が疑われる国）。

出典：帝国データバンク、ビューロー・ヴァン・ダイク社のorbisの企業情報（2019年10月調査）を元に作成

していましたが、日本のビジネスチャット第一人者として先行優位性はあるものの、企業単体の資本力や知名度などで比較すると「アリ対ゾウ」です。アリがゾウを倒すためには正面衝突では分が悪いので、別の切り口を考えに考えました。テックジャイアントが興味を持たない、やろうとも思わないことは何か。日本の課題でChatworkがそれに貢献できることは何か。それらを考えたときに出した結論が地方創生でした。

全世界を狙っているテックジャイアントが興味を示すのは東京だけ、そして日本全体で人口が減少していることから地方創生は喫緊の最重要課題です。私は大阪出身で神戸に住んでいたので、地方の課題とその解決策が見えていて強みがあることから、シリコンバレーに注いでいた全エネルギーを地方創生に集中させることにしました。競合他社と比較したChatworkの強みはまず無料で使えること、そしてどこの組織に所属していても関係なくスムーズにやり取りができることでした。

地方創生は自治体や企業、地元住民、その他関係者が入り乱れてあちこちでプロジェクトが立ち上がるので、コミュニケーションツールとして

column

地方創生のキックオフイベントには約300名が集まった

Chatworkが一番適していました。さらにアメリカ発、韓国発、中国発の競合サービスとちがい純国産のChatworkで、しかも地方創生を応援してくれる会社となれば、東京の大企業で行われるコンペでされるような機能比較や料金比較の結果など関係なくChat-work一択になります。そこに活路を見出しました。

各地で行われていた地方創生に関する施策は軒並みうまくいっていませんでした。その原因はシンプルです。日本中の人口が減っているなか、どの地域も人口を増やしたい、雇用を増やしたいと思っていて、奪い合っているからです。ある自治体が面白い取り組みで人口の流入が増えると、ほかの自治体も同じような施策を行うので結局横並びになり、全体的に沈んでいくという構造でした。

私が考えた地方創生のやり方は逆張りで、若者を育てて出身地域にどんどん送り出すというアプローチでした。どこの自治体も自分の地域に留めておきたいと思っているところに、どんどん優秀な若者を送り出してくれるということで、全自治体が競合どころか味方になってくれるのです。

この取り組みを「谷上プロジェクト」と名付けて始めたところ、想定以上の反響があり、全国からの問い合わせが殺到しました。キックオフイベントは会場の定員が200名のところを約300名が集まり、兵庫県知事と神戸市長には「神戸に救世主が表れた」と言っていただけました。

この動きを知って、日本全国、そしてアメリカからも神戸市の谷上というエリアに人が移住してくるようになりました。そこで、コワーキングスペース&カフェを立ち上げるために、神戸市の協力を得て全国で初めてふ

column

神戸市の協力を得て、クラウドファンディングで寄付を募った

るさと納税を活用したクラウドファンディングを始めました。

当時はChatworkの上場をなんとしても実現させるべく必死に動いていました。ここまで協力してくれた神戸市への恩返しをしながら、全国各地から殺到する問い合わせへの対応で日々忙殺されていて、30分のミーティングを入れるのが1カ月半先になるような状況でした。

クラウドファンディングをなんとしても成功させなければいけないと使命感に燃えて

column

いて、最終日に兵庫県歴代1位の調達金額を達成できた瞬間に燃え尽きてしまい、CEOの座を弟に譲って退任することになりました。そして翌2019年、当初の予定通りChatworkは東証マザーズに550億円超の時価総額で上場しました。

column

起業家Q&A②

Q 実現したい事業がありますが、収益化までは時間がかかりそうです。本当に実現したい事業をするために、先に収益をつくるための事業から始めるべきでしょうか。

A 儲かるだけで想いのない仕事をしていてもやりがいはないし、想いだけでやっていても収益があがらなければ続きません。経営には理念とそろばんの両立が大事だと言われますが、会社を永続的に成長させるには、どうすれば両立できるのかを考える必要があります。最初は別の事業をするにしても、本当にやりたい事業とまったく関係のないことをやっていたら、収益はあがるかもしれませんが、いつまでたってもやりたい事業につながりません。やりたい事業に少しでも関連性のある収益のあがる事業であれば、別の事業から始めるという選択肢もあるでしょう。ここで重要なのは周りからは「絶対そんな事業では収益を挙げることはできないから辞めたほうがいい」と言われたとしても、簡単にあきらめないことです。

グッドパッチというデザイン会社は、2020年にデザイン会社として初めて上場しました。デザインというのは人手がかかる事業なので、デザイン会社が上場するのは無理だと言われていて、過去に事例もありませんでした。でも、創業者の土屋尚史氏はずっと「デザイン職の人の社会的地位向上のために上場する」と言っていました。言い続けることで自分自身を洗脳していくのです。

周りは「そんなことは無理だ」と言いますが、実現できたら「あ、それってできるんだ」と思って次々と追従してきます。陸上の100m走で日本人選手は長らく10秒きれなかったのに、1人が10秒切ったら次々と9秒台を出すようになるようなものです。

まずは、この事業で儲かる方法が必ずあると考え続けていたら、トンネルの先に出口が見えてきます。

第7章

スケールさせる

資金調達のタイミング

資金調達の方法としては銀行借入などいろいろありますが、本書はエグジットを目指すことが前提になるので、エンジェル投資家やVCから資金調達する前提で考えていきます。

プロダクトをつくる前にエンジェル投資家やVCを回る

前述したように、サイトやプロダクトはSTUDIOやProttで先にプロトタイプをつくり、ユーザーへはFacebookやInstagram、Twitterなどをうまく組み合わせてアプローチしていきます。それからすぐにピッチ用の資料をつくって、エンジェル投資家やVCを回り始めたり、ピッチイベントに登壇したりしましょう。こんなに早い段階で回り始めたら失礼ではないかと気を使う起業家もいますが、まったく気にすることはありません。プロダクトをつくってから資金調達の見込みがないビジネスモデルだとわかったら、時間を無駄にしてしまいます。

エンジェル投資家は前述のエンジェルポートで探せます。ＶＣは、PR TIMESなどで「資金調達」とキーワード検索をすると、資金調達関連のプレスリリースがたくさん出てきます。注目しているスタートアップが調達しているＶＣをチェックしてリストをつくり、アプローチしていきましょう。

戸村が運営しているDatavase.ioというポータルサイトには、ＶＣ一覧や各ＶＣに対するスタートアップからの口コミ・評判が載っているので、それを見てアプローチしていくといいでしょう。

この段階で何を目的にエンジェル投資家やＶＣ回りをするかというと、もちろん資金調達も狙いますが、目指す方向性が正しいかどうかのフィードバックをもらうためです。

エンジェル投資家やＶＣであれば、そのビジネスモデルがスケールするかどうかの視点でフィードバックしてくれるので、スタートアップ起業のコンサルティングサービスを受けるような感覚で相談に乗ってもらうのです。

現在は本当に「金余り」の状態なので、エンジェル投資家もＶＣも次々と増えていますが、優秀な起業家はそこまで増えていません。投資家も優秀な起業家に出会い

［Datavase.io］
企業・投資家の評価データが集まる検索サービス。
https://datavase.io/

たいと思っているので、自分が優秀な起業家であるという前提で、早めにアプローチしましょう。ピッチ資料を見せて「このアイデアで起業して、資金調達を検討しています。いかがでしょうか」と持ち掛けるのです。さまざまな視点からアドバイスしてもらったら、それによってビジネスモデルやピッチ資料、ピッチ自体を磨いていくことで最短でプロダクトづくりができます。

エンジェル投資家やＶＣは、起業したばかりのビジネスアイデアはピボット前提で聞いています。最初からひとつのビジネスアイデアを貫き通す必要はありません。それよりも、彼らは起業家の人となりを見ています。この起業家は優秀か、最後までやり切るかどうかを見ているのです。起業したばかりのシード段階では、プロダクトの完成度はあまり意識せずに相談しにいきましょう。

調達した資金をもとに大きく借入する

ケースバイケースですが、基本的にスタートアップは銀行借入ではなく、エンジェル投資家やＶＣから資金調達します。なぜなら、銀行借入だとお金を返すことが前提になります。個人保証がついている場合、失敗したら個人資産まで失うことになるので、本来攻めていたら勝てたかもしれない場面でも慎重に進めてしまい、そのせいでライバルに負けるようなことにもなりかねないからです。

スタートアップは、最初は赤字を大きく掘ってから一気にJカーブを描いて成長していかなければいけないので、リスクマネー（エンジェル投資家・VCからの資金調達）が好ましいのです。

資金調達したお金を元手に銀行に借りに行く手法もあります。1000万円を資金調達して、その1000万円の残高が銀行口座にある状態で、さらに1000万円を銀行借入するイメージです。エンジェル投資家やVCは未来を見て投資してくれますが、銀行は過去の実績から判断するので、キャッシュがあることを見せると多く借り入れできます。そうした合わせ技で調達すれば軍資金が増えるので、打ち手も増やすことができます。

エンジェル投資家とVCとCVCのメリット／デメリット

エンジェル投資家

起業家がエンジェル投資家から投資を受けるメリットとデメリットには、次のようなものがあります。

- ●メリット①：投資家本人だけで決めることができるので、投資までの意思決定のスピードが早い
- ●メリット②：創業間もない会社にも投資してもらえる可能性がある
- ●メリット③：経営の助言を得られたり、エンジェル投資家の人脈から有力な方の紹介を受けられる

- ●デメリット①：エンジェル投資家の1人当たりの投資サイズは100～1000万なので、大きな資金調達には向いていない

●デメリット②：投資家によっては経営に深く関与してくる人がいる
●デメリット③：たくさんのエンジェル投資家を入れるとコミュニケーションコストがかかる

VC

ＶＣ（ベンチャーキャピタル）は、金融機関や事業会社、投資家から集めた資金でファンドを組成してスタートアップへ投資し、収益を最大化してリターンを投資家へ返すことが目的の組織です。こちらもメリット・デメリットを確認しておきましょう。

●メリット①：投資サイズが１０００万〜数億円以上と大きい
●メリット②：投資実績が豊富なので、いろいろなスタートアップの成功・失敗のケースを知っている
●メリット③：金融系のネットワークに強いので、次の資金調達のあと押しをしてくれる

●デメリット①：VCには金融業界出身者が多いため、財務には強いが事業の実戦に弱いVCがある

●デメリット②：出資者のリターンを最優先に考えるため、ファンド期限が迫ると株式の買取請求を求められるなど、起業家とVCの間で利益相反が生じる場合がある

●デメリット③：投資交渉を開始してから投資委員会を通すので意思決定に2、3カ月かかる

CVC

CVC（コーポレートベンチャーキャピタル）は、事業会社が自己資金でファンドを組成し、本業とのシナジーがあるスタートアップに出資して本業の収益につなげることを目的とした組織です。メリット・デメリットは次の通りです。

●メリット①：資金を調達できるだけでなく大企業の事業とのシナジーを生み出すことができる

●メリット②：純投資ではなくリターンを求めていないのでバリュエーションが

高めでも投資してもらえることがある

●デメリット①：CVCの本業とのシナジーが求められるため、事業の方向性や経営に深く関わってくる可能性がある

●デメリット②：CVCの本体企業と競合する会社と提携できなくなるケースがある

資本政策の注意点

スタートアップは、いいビジネスモデルであるにもかかわらず資本政策に失敗することで死んでしまうケースがよくあります。特に創業時の持ち株比率によってスタートアップの将来を左右することがあるので注意が必要です。

創業者間契約

創業者間などで数十%単位で株を分けてしまうケースを見かけます。上場を考えていない会社であればそれでも良いのですが、上場を目指している場合は1%の重みが非常に大きいので注意が必要です。それを知らずに、二人で立ち上げるから50%ずつ、三人なら33%ずつで分けているスタートアップは、非常にリスクが高いといえます。

最初の頃は、会社もプロダクトも未熟で、一緒に立ち上げたメンバーも同じくらいのレベルです。しかし、そのあと会社が急速に成長していったときに、その成長速度についてこられない共同創業者や幹部が出てくることがあります。その幹部の持ち株比率が10%くらいならまだいいのですが、33%や50%だとそれだけで会社が立ち行かなくなってしまいます。

そういう分配でうまくいったケースもなくはないのですが、わざわざリスクの高い状態でスタートすることはありません。最初は、どんなに優秀でリスクを取ってくれる人、会社を辞めてでも来てくれる人、ビジネスに絶対に必要な人がいたとしても、最低でも80％、理想は90％以上の株をＣＥＯが持っておくことをおすすめします。

さらに、複数人で起業する場合は創業者間契約を最初の発行時に必ず結びましょう。会社を立ち上げて、もし辞めることになったときは、その株式を買い取らせてくださいという内容の契約です。のちに問題を起こさないためにも、創業者間契約はしっかりと結んでおく必要があります。

婚前契約

スタートアップ起業家は、結婚する際にも気をつけるべきことがあります。

一般的な企業の経営であれば、婚前契約まで結ぶ必要はありません。ただ上場を目指すスタートアップの場合、上場すれば数百億円という株価が付きます。上場してから離婚すると、法律的には財産分与として原則半分を相手に渡すことになります。たとえば、１００億円の株式を持っていた場合、その半分の50億円を相手に渡さなければいけません。上場企業の社長が１００億円分の株を売って50億円を渡すことは現実的に不可能です。社長が多くの株を売ってしまうと、株式市場では社長がこのビジネスに将来性はないと判断したと見られて、一気に株主が離れてしまいますし、保有率が下がると会社の支配権も失ってしまいます。それでも離婚時の財産分与は原則50％という決まりがあるので、揉めるケースがあります。

最終的には相手に上場企業の株の50％に値する貢献度を認めることは難しいという判決が下されるケースが多いようですが、上場を目指す起業家としては、結婚するときには婚前契約をしっかり結んでおくことが大切です。

アメリカでは婚前契約を結ぶことは一般的になってきているのですが、つい最近離婚したマイクロソフトのビル・ゲイツやアマゾンのジェフ・ベゾスは婚前契約を結んでいませんでした。離婚したときにビル・ゲイツは7兆円、ジェフ・ベゾスは4兆円を支払ったようです。

創業者間契約や婚前契約は、これから未来に向けて頑張っていこうというタイミングで、万が一ダメになったときの話をしなければいけないので言い出しにくい気持ちはわかります。そういうときは、投資家から「契約を結んでおかないと投資しない」と言われたと理由をつけて結んでおきましょう。

ストックオプション

日本では、ストックオプション（新株予約権）の発行は発行済株式の10％を上限とすることをVCに求められることが多いのですが、最近は15％発行している会社もあります。シリコンバレーでは20％が一般的です。ストックオプションは幹部クラスだけに配ることもあれば、全社員に配るケースもあります。Chatworkでも全社員に配りました。Googleは清掃員にもストックオプションを発行して、Googleが上場したときにその清掃員が億万長者になった話は有名です。

発行枠が10％～15％なので、役員クラスで0・5％～1％程度になります。うまく活用すれば外部から優秀な人材を取り込むこともできますが、上場したときに誰がどのくらい持っているか公開されるので、配分比率が社員にとって納得いかないと、モチベーションを下げる要因になる恐れもあります。

また、日本ではまだまだストックオプションはなじみが薄いので、経営者が幹部や社員のためを思って付与しても、社員の理解が浅いままだと、上場へのモチベーションアップにつながらないケースもあります。ストックオプションを付与する場合は、ストックオプションとはどういうものかをしっかり周知しないと、逆効果になることもあります。

資産管理会社

すべての株を個人で持ったまま上場すると、将来の相続のときに膨大な相続税が発生します。

スタートアップを立ち上げたばかりのときに資産管理会社をつくることはイメージしにくいと思いますが、資金調達を重ねていくタイミングで資産管理会社のこともしっかりと考えていくほうがいいでしょう。

遠い将来のことになりますが、残された家族が相続税を払うために株を売却しないといけなくなると、大変なことになる可能性もあります。頭の片隅に入れておいてください。

資本政策はあと戻りできない

資金調達をするということは株を投資家に渡すことです。資本政策はいったん進むとあと戻りができないので、間違えてしまうと大変です。株主との関係は親族のようなものであり、そして株主なので立場的には起業家より上になってしまいます。資金調達をするときには、誰からどういう条件で資金調達をするかが非常に重要です。

最初の数件は練習

営業でもなんでもそうですが、いきなり本命にアタックして失敗しないためにも、エンジェル投資家やVCを回るときは最初の数件を練習と捉えましょう。3番手、4番手、5番手から回って、ピッチ資料やピッチをブラッシュアップしたのちに本命にいくのです。毎回フィードバックがもらえるので、資料やビジネスモデルを改善していくと、徐々に交渉の肌感覚が掴めてきます。資金調達額やバリュエーションの目安についても、面談を重ねるうちに、自社はどのくらいの条件で調達すべきかがわかってくるはずです。

バリュエーションは値引きされることを想定して、最初は少し高めに伝えたほうがいいでしょう。Chatworkの初めての資金調達のときに、シリコンバレーの競合のバリュエーションとユーザー数の比較をもとに金額を算出して出したら、「いやいや、それは高過ぎるでしょう！　マザーズに上場する多くの会社の公募価格よりすでに高いじゃないですか」と言われてしまいました。ＶＣにとってはありえないバリュエーションを提示していたようです。「ナスダックを目指すのでこれでも全然安いじゃないですか！」と言い返していましたが……。

ＶＣを10社以上回り、バリュエーションを日本のＶＣの感覚にフィットするように微調整しながら、それでも高い金額を提示して交渉していきました。そのうち、「えー、結構高いね（でも出したいなぁ）」という反応が得られるようになり、最終的に初めての調達ではありえない好条件で調達できました。

また、シリコンバレーではできない作戦ですが、日本のビジネス習慣では交渉相手とも飲み会ができるので、飲みながらお互いホロ酔い気分でバリュエーション交渉するのもひとつの手段です。

ただし注意としては、資金調達は上場まで複数回あるので、最初に高いバリュエーションで調達できたとして、次回の調達でさらにバリュエーションを上げようとすると、お金を出せるVCがいなくなってしまうリスクがあります。バリュエーションは慎重に決めましょう。

まずは1件確保する

まずは1件のエンジェル投資家かVCを確保すると、その後のアプローチがしやすくなります。なぜかというと、「どこかほかに候補はありますか？」と聞かれたときに「はい、あります」と伝えると、「ほかにこの条件で出すと言っている候補がいるなら見込みが高いな」と思われるのです。

「その投資家はどのくらいのバリュエーションで投資すると言っていますか？」という質問に対しては、「このぐらいのバリュエーションで投資してくれると言っています」というやり取りがあると、面談している投資家の見方が急に変わります。人間の心理として、行列があるお店には並びたくなるのと同じです。

「ここで逃したら後悔するんじゃないか」と思ってもらうためにも、まずは1件確保しましょう。そしたら次の候補先を回るときにも心に余裕が出てきて、より良いピッチができるようになります。まずは1件の確保に全精力を注いでください。

ピッチスキルを高める

シリコンバレーには起業したい人が無数にいるため、短時間で効率的にビジネスアイデアを伝える手法としてピッチが生み出されました。ピッチには2種類あり、スライドを使った3〜5分で行うピッチと、「エレベーターピッチ」と呼ばれる、エレベーターに乗っている間くらいの短い時間で事業に興味を持ってもらうために口頭で行う30秒のピッチがあります。

とにかく場数

ピッチスキルを高める方法として重要なのは、とにかく場数を踏むことです。あがり症の人が場数が少ないまま本命のVCの前やピッチイベントでピッチすると、本領を発揮できません。うまく話せず、ピッチに対して恐怖心が出てしまうと、次回のピッチに影響してしまい、悪循環が起きてしまいます。

ではどういう風に場数を踏んで克服していくかというと、本番をこなそうとしても頻度が低くなってしまうので、毎日1分でいいので社員の前で話す機会を強制的につくります。社員に対して想いを伝えるいい機会にもなりますし、気心の知れた仲間の前なので緊張することなく、人前で話す練習になります。日々の習慣として毎日少しずつでも人前で話す習慣を積み重ねていくと、いざ本番になったときに自分でも驚くほどできるようになっているものです。

ライブ配信

ライブ配信もおすすめです。人前で話すのは緊張するという方でも、YouTubeやZoomを使ったライブ配信であれば、パソコンに向かって話すかたちになるので緊張せずに話せます。パソコンの前でライブ配信を繰り返せば、大勢の聴衆の前でもいつもと話す内容は変わらないので、緊張することなく本領を発揮できるのです。

私もいつもパソコンに向かって話していたライブ配信の内容を、最大で2000人の前で話したことがあります。パソコンに向かって話していたことをそのまま話すだけなのですが、聴衆からの反応を得られて、人前で話すことが快感になります。

動画に撮る

ピッチを磨くには、自分のピッチ動画を撮って、自分自身で見直すと効果的です。「早口になっているな」「表情が固いな」など、話しているときには気づけないポイントをチェックできます。

コロナ禍でZoomを利用する人が増えていますが、Zoomはピッチの練習にも使えます。自分以外は参加していないZoomミーティングを立ち上げて、画面共有しながら録画することで、スライドと自分の顔を映した動画を簡単に録画できます。フィードバックがほしいときは、YouTubeに限定公開モード（動画のアドレスを知っている人だけが見られる）でアップロードして、アドバイスをもらいましょう。

資金調達のピッチのポイント

資金調達のピッチで投資家に「投資したい」と思ってもらうためのポイントは、とにかく自信満々に話すことです。初めてピッチするときは緊張するでしょうが、自分が思っているほど自分の緊張感は相手には伝わっていません。「私に投資せずに誰に投資するんですか?」ぐらいの自信を持ってピッチすることをおすすめします。

もっと言えば、ほかのエンジェル投資家・VCにも興味を持たれていて「誰に入れてもらおうか迷っています」ぐらいのスタンスがいいでしょう。ただし、多少エピソードを盛るくらいはいいですが、のちの信頼関係に影響するので嘘をつくことはいけません。

［Zoom］
オンライン会議ツール。画面共有や録画ができる。
https://zoom.us/

ピッチの構成

スライドを使ったピッチの基本構成を紹介します。参考にしてください。

①Problem（問題）

まず、どういった社会や市場の問題を解決しようとしているかが大前提になるので最初に説明します。あったら便利だなという程度の問題だと、その問題を解決したとしても大きな売上にはなりません。社会問題として大きければ大きいほど、解決したときの売上につながりやすいので、問題の大きさをアピールします。

②Solution（解決策）

次に自分たちのプロダクトでその問題をどう解決するのかを伝えます。どういう切り口で、自社のどういう強みや技術で解決し、どのような価値が生まれるかをわかりやすく簡潔に伝えます。

TAM／SAM／SOM

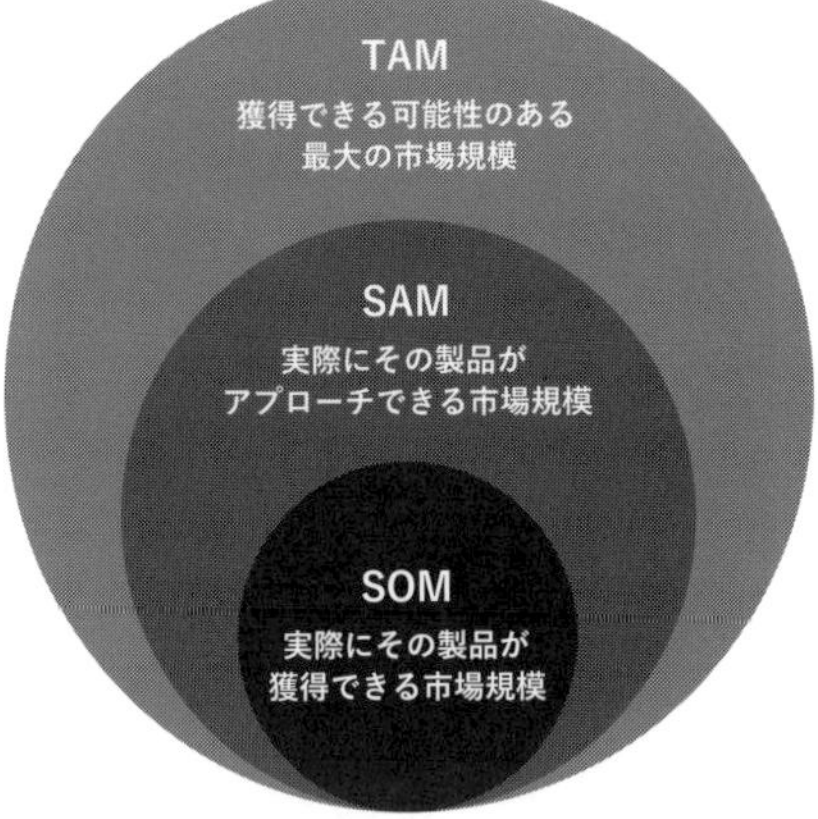

③ Market Size（市場規模）

TAM・SAM・SOMという3種類の市場規模を伝え、解決しようとしている問題の市場規模がいかに魅力的かを伝えます。TAM（Total Addressable Market）は獲得できる可能性のある最大の市場規模、SAM（Serviceable Available Market）は実際にその製品がアプローチできる市場規模、SOM（Serviceable Obtainable Market）は実際にその製品が獲得できる市場規模です（上図参照）。市場規模はインターネット上にあるデータやマーケットリサーチのレポートなど、第三者の客観的な情報をもとに算出してください。投資家目線ではSOMが数百億円以上ないとそのビジネスに魅力を感じないので、狙っている市場がいかに大きくて魅力があるかをアピールしましょう。

④ Traction（実績）

現時点でのユーザー数、売上、成長率など、市場でどのぐらい受け入れられているのかも重要です。投資家が最も気にするスライドでもあります。サービスリリース前など、まだトラクションが出ていない場合は外すか、ほかに何かアピールできるデータがあれば入れてください。

⑤ Unique Insight（独自の洞察）

一般的には知られていない、自分だけが知っている独自の技術や問題解決への切り口を伝え、なぜ今そのアプローチをすれば市場に受け入れられるのかを伝えてください。

⑥ Business Model（ビジネスモデル）

このビジネスでいかにマネタイズするかを伝えるパートです。前述したようにマネタイズポイントは二重、三重で考えておく必要がありますが、投資家にとって最もイメージしやすいモデルをスライドに載せておき、今後の展開やほかのマネタイズ方法は口頭で補足しましょう。

⑦ Team（チームメンバー）

最後に、どんなメンバーでチームが構成されているのか、です。なぜこのチームであればその課題を解決でき、成功できるのかを投資家に伝えます。

資金調達後の落とし穴

若手起業家が陥るお金の問題

私は若手起業家にエンジェル投資をしたり、メンターとして相談に乗ったりしているので、いろいろなケースを見ていますが、25歳以下の若手起業家で経営経験が短かいと、お金の使い方がどうしても甘くなってしまうようです。お金を出してくれる投資家が増え、資金調達しやすくなったために調達したお金を使い込んでしまって、結局死んでしまうケースをいくつも見てきています。

若手起業家は、VCから「とにかくスピードアップしろ」「時間をお金で買え」と言われます。

そうなると、それがプラスに働くところがありながらも、「なぜ広告費にそこまで使ってしまったのだろう？」といったことが起こります。大抵はキャッシュアウトしかけて初めてお金の使い方を学び始めることになるのですが、適切なお金の使い方はエンジェル投資家やＶＣがしっかりと教えないといけません。

使ってはいけないコスト

使ってはいけないコストをしっかりと把握しておく必要があります。同じ効果しか得られないものは1円でも安くする意識でいるべきです。

これは私がいまだにやっていることですが、捺印したときにゴミ箱の中からハンコを1回拭いたティッシュを拾い上げて、もう1回ハンコを拭きます。ティッシュ1枚ぐらいなんだと思わないことです。ハンコを拭くという行為であれば、あえて新しいティッシュを使ってティッシュを1枚無駄にする必要はありません。

ゴミ袋も口を結べるギリギリまでゴミを詰め込みます。ティッシュもゴミ袋も1枚当たりのコストは非常に安いのですが、同じ効果しか得られないものに無駄なコストをかけないことを意識するのが重要なのです。

赤いレターパックプラスや青いレターパックライトを使っている企業は多いですが、実は半分のサイズのスマートレターというものがあります。郵便物を極力減らした業務スタイルなので私が知らないだけで使っている企業もあるかもしれませんが、私にスマートレターで送ってきた企業は今まで一社もありません。スマートレターはサイズこそ半分になるものの、厚さは2cmまで送ることができて全国一律180円です。追跡サービスはありませんが、追跡するほどではないもので折り曲げられない契約書類以外はほぼスマートレターで済むはずです。レターパックプラスは520円、レターパックライトは370円ですので、1通当たり200〜300円のコストカットになります。

大げさだと思われるかもしれませんが、そのぐらいの意識を持っておかなくてはなりません。これは起業家だけではなく、全社員に言えることです。そういう意識をトップ自ら背中で見せることで組織全体に浸透していくものなので、万が一の生死をさまようような局面で、このような日々の積み重ねが効いてきます。

3カ月ごとにカード明細をすべてチェックする

起業家はカードの明細すべてに3カ月に1度は目を通しましょう。会社のあらゆるサービスの支払いをすべてクレジットカードに集約させ、明細がすべてデジタルで見える化されていると、1カ月分の支払いのキャッシュフローが良くなちます。キャッシュフローの原則は、早くお金をもらい遅く支払うことです。それにはクレジットカードを使いましょう。

そして水道の栓や電気の消し忘れのような無駄な支払いがないか見直します。解約忘れのサービスがないか。退職した社員の有料アカウントがまだ残っていないか。経理はそれが必要なサービスかどうかといった詳細までは把握していないケースがあるので、「これはもういらないのでは？」という支払いが残っていることがあります。

購入するときは慎重でも、1回買って毎月の自動引き落としになると、必要がなくなったあともそのまま残ってしまうことがあるので、無駄な支払いをなくす意識を起業家自ら示していきましょう。

「人」と「未来につながるもの」に投資する

では、どういうところにお金を投じるべきなのかというと、それは「人」と「未来につながるもの」です。

まず、企業は人が命です。面接でスキルを見極めたり給料の相場をしっかり把握する必要はありますが、スタートアップの源泉である人には積極的に投資しましょう。

それから、未来につながるものに投資します。未来につながるものとは、プロダクトのデザインや開発、そしてオフィスです。オフィスの家賃は固定費なのでできるだけ安いに越したことはないのですが、採用したい職種によってはオフィスのデザインや立地が非常に重要になってくることもあるので、オフィスに投資すべきかどうかを検討しましょう。

そこまでオフィスのデザインや立地にこだわらなくてもいい業種や職種であれば、その業務が快適にできるような環境を用意するだけでいいのです。すべての職種の勤務地を東京のど真ん中にする必要はないので、うまく切り分けるといいでしょう。

column

column 07

スタートアップはいきなりグローバル展開するな

Don't try to boil the ocean

スタートアップはヒト・モノ・カネ・情報の経営資源が少ないなかで、いかに勝ち上がっていくかが勝負です。「Don't try to boil the ocean」という英語の格言があります。「海を干上がらせることはやめよう」という意味で、まずは水たまり、池、湖という順序で干上がらせていって、最後に海を干上がらせる流れでビジネスをすると良いという教えです。経営資源が少ないのに、いきなり海を干上がらせることは無謀です。

グローバル展開はまさにこれで、日本とグローバルの同時展開は、そもそも経営資源的にスタートアップには不可能です。なぜなら日本は特殊なガラパゴス市場なので、日本とグローバルを同時に攻めるようなプロダクトをつくるのが難しいのです。たとえば日本はＣＤが世界で一番売れている国で、ほかにもソフトウェアはパッケージ版が売れる、ハンコやＦＡＸを使うビジネス習慣があるなど、いろいろな場面で海外と違います。

また、日本は東京に一極集中しているので、山手線の内側で多くの主要企業に効率良くアプローチできます。アメリカは国土が広く各都市が離れていたり、国をまたいで英語圏のほかの国にアプローチしたりするので、営業パーソンを大量に採用して訪問営業する日本企業のスタイルは通用しません。

市場もセールスマーケティングも全然違うので、日本とグローバルを同時に進めようとすると、どちらも中途半端になってしまう可能性が高いのです。

グローバル展開の波に乗るな

シリコンバレーにいたときには日本もグローバル展開しなければいけないということで政府関係者から「シリコンバレーにたくさんの若者を連れてきて、グローバル展開したいと思わせるような刺激を与えたい」と相談

column

を受けていました。「刺激を与えることはいいことだと思いますが、いきなりグローバル展開をさせるのは無謀ですよ」と、いつもお答えしていました。「それはわかっているんですが、国としてはそういうことをあと押しするほうがわかりやすいので、そうならざるを得ないのです。山本さんが言っていることはもっともなんです」と言われていました。

ウミガメの法則とは、たくさんの卵を産めば何百匹のうち何匹か生きて戻ってくるというものです。グローバル展開にたくさんのスタートアップをチャレンジさせたら、ウミガメの法則で何社か生き残るのではないかという狙いですが、シリコンバレーにウミガメの法則は通用しません。スタートアップにおけるグローバル展開は溶岩の海なのです。

いきなり日本とシリコンバレーの両方にチャレンジしたら、入った瞬間に即死です。

最初からグローバル展開を視野に入れておくべし

一方、矛盾するようですが、マーケットが小さくなっている日本は、この先なんとしてもグローバル展開をして世界から売上を取っていかないといけないことも また事実です。同時に攻めるのは難しいので、まずは強みのある日本で成功させるべくスタートしながらも、グローバル展開を視野に入れておくことがとても重要です。最初はグローバル展開を意識せずに、日本で成功してからグローバル展開に取り組もうとすると、非常に難しいのです。

子どもの英語教育に似ていますが、小さい頃に日本語と英語を同時に学ぶとどちらの言語も中途半端になることがあります。けれども、日本語だけで育って大人になってから英語を始めようと勉強しても、なかなか習得が難しい。それと同じようなもので、日本市場だけを意識して日本で成功したあとにグローバルを目指しても、経営者から幹部、社員まで日本一色なのでグローバルを目指そうにも組織自体が簡単には変われないのです。

column

最初からグローバルを視野に入れたスタッフを採用しながら、日本のマーケットを先に取る。エンジニアも日本にいる外国人を採用したり、海外にいるデザイナーに発注したりとグローバルを意識した経営をしながら、水たまり、池、湖、そして海へという流れでグローバルへと展開していくべきです。学生ならば、すぐに起業するのではなくて、急がば回れで現地での人脈をつくるために遠回りだと思ってもシリコンバレーに留学してインターンしてみるのもいいでしょう。

起業家Q&A③

Q ウェブメディアや、雑誌から取材を受け、掲載していただきました。これからもメディアを通して知名度を獲得していきたいと考えていますが、スタートアップがメディアに取り上げられた参考となる事例を教えてください。

A まずは、どのメディアにどのように取り上げられたいかが大事です。それが決まったら、次にそのメディアに取り上げられるにはどうしたらいいのかを考えます。「とにかく露出したい」というのは、shooting in the darkと言って、目隠しして暗闇の中をマシンガンで撃ちまくることと同じです。しっかりを的を定めて狙って撃つことで、たとえ外れても、的を狙うスキルは上がっていきます。

Chatworkがスタートアップのメディアとして有名なTechCrunchのアメリ

カ本家に取り上げられたときの戦略についてお話しします。当時、日本ではどこでも取り上げてもらえるような状態でしたが、海外進出するために全世界に見られるメディアに取り上げられたいと思っていました。TechCrunchのような最高峰のメディアを狙いたかったのですが、一発目では難しいと考えました。メディアとしての格があるので、メディアは自分たちの信用が傷つかないように、掲載する企業について事前に検索したりするはずです。もちろん日本語で検索するはずはないので、英語のメディアに取り上げてもらわないといけません。でも、全世界のスタートアップがアメリカのメディアに取り上げられることを狙っているので、競争相手が多過ぎます。

そこで、シンガポールのメディアを狙いました。シンガポールで有名なのは「e27」と「Tech in Asia」というメディアでしたが、「Tech in Asia」は名前からしてアジアのメディアだと思われるので、「e27」に狙いを定めました。まずはシンガポールに渡って、ミートアップイベントに参加して、「e27のメンバーを知らないか?」と聞いて回りました。そうしたら知っているという人がいたので、一緒にe27のオフィスに行って、日本から来たので取材して

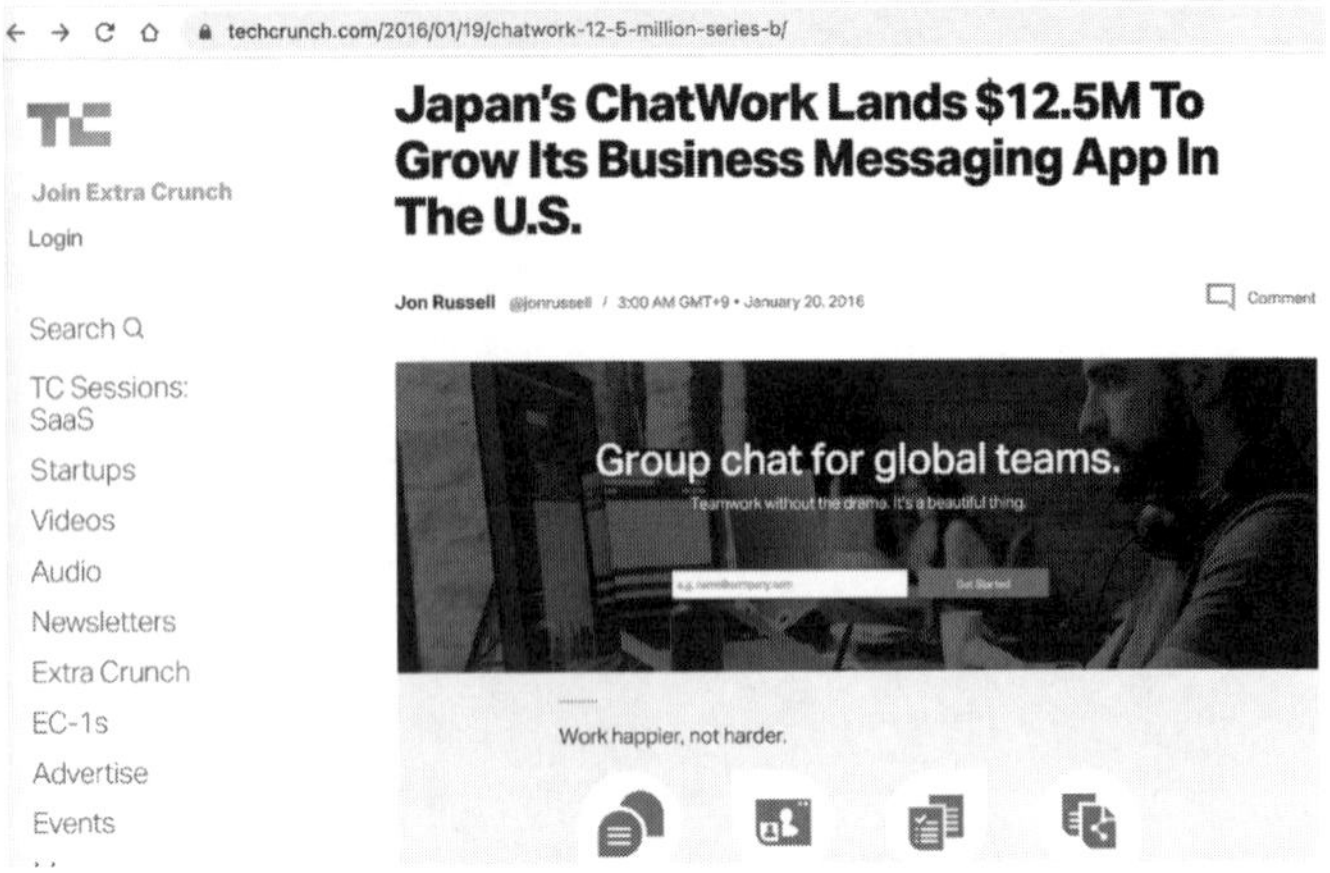

当初の狙い通り、アメリカのTechCrunchへの掲載が実現した

くれと直談判しました。シンガポールは金融で有名ですが、人口５７０万人くらいの小さな国です。市場が小さいので、わざわざ日本からシンガポールに来るＩＴサービスは珍しく、狙い通り取り上げてもらえました。

次はTechCrunchの中のアジア人の記者を探すことにしました。TechCrunchの各記事にはそれぞれ記者の名前が載っているのでTechCrunch本家に寄稿できる権利を持った親日の記者を探したところ、台湾人の記者がいたのでその記者にアプローチするために台湾に行きました。結局その台湾人の記者には会えませんでしたが、あきらめずにあらゆるルートを模索して、最終的にアメリカ人記者にアプローチできて、TechCrunch本家に取り上げてもらうことができました。ゴールを決めたらそのゴールに向かう手段はいくらでも考えられます。

Investors and Entre-preneurs

第 3 部

投資家と起業家

日本では、起業したい若者がエンジェル投資家やメンターと出会う機会がまだまだ少ないという現実があります。上場までの道のりは決して楽なものではないため、起業家には投資家やメンターからの適切な支援が必要です。

第3部では、投資家と起業家をつなぎ、スタートアップをオンラインで上場まで導くプラットフォームについてお話しさせてください。投資家と起業家が良好な関係を築き協力することで、スタートアップの成功率は格段に上がります。

第8章

投資家と起業家が出会う

投資家と起業家をつなぐ

日本には企業が400万社あると言われるなかで、上場企業の数は約4000社です。上場を目指していない会社もたくさんありますが、上場企業の割合は約1000分の1です。上場を目指している企業は2000~3000社ほどだと言われていますが、実際に上場できるのは毎年90社ほどなのでその30分の1しか上場できていない計算になります。

売上や利益が上がっていれば上場できるかというと、そう単純なものではなく、社会情勢やタイミングなどの周辺環境にも大きく影響されるので、上場するには運も持ち合わせていないといけません。それらのすべてを乗り越えての上場は本当に至難の業なのです。

上場を東大の合格にたとえると、エンジェル投資家やシードVCからお金だけ調達して上場できる起業家は、塾や予備校に行かずに学校の勉強だけで東大に受かる神童のようなものです。

子どもの頃、たいして勉強していないのに毎回100点を取ったり、通知表もオール5の同級生はいませんでしたか？

今はまさにそういう神童のような起業家だけが上場している状況です。しかし、実際に東大に合格した人のおそらく90％以上は、塾や予備校に通って入試対策をして、同じく東大合格を目指す仲間と刺激し合い、助け合いながら晴れて東大に入ったという人たちではないでしょうか。

そこで私たちは、上場を目指す起業家とパワーエンジェル投資家をつなぐ場をつくり、起業家の予備校として起業家同士で切磋琢磨しながら上場を目指すコミュニティが必要だと考え、2020年に投資家と起業家が集う「SEVEN」というコミュニティをつくりました。

［SEVEN］
SEVENのLINE@へのご登録はこちら。山本・戸村への講演依頼もこちらからお願いします。

ベテラン経営者がエンジェル投資家になるという選択肢

自社の事業のみを10年以上経営していると、新しい刺激や学びがなくマンネリ化してきます。新規事業を立ち上げたいが社内リソースが足りずにできないという経営者には、若手起業家へのエンジェル投資がおすすめです。

繰り返しになりますが、エンジェル投資家には2種類います。お金を出すだけのエンジェル投資家と、お金+人的ネットワーク+ビジネス経験を提供して支援してくれるパワーエンジェル投資家です。パワーエンジェル投資家は投資先を次のステージへとあと押しします。パワーエンジェル投資家が増えれば増えるほど、投資先の成功確率が上がるので、日本のスタートアップ業界にとっても非常に重要な役割を果たします。

経営者からしても、自身の新たな取り組みとして若手起業家にエンジェル投資することで、起業家と同じ船に乗ってやりたいことを実現できたり、どんどん成長していく若手起業家を見守ることで自分自身への刺激になったりもします。

ただ、いざエンジェル投資を始めようと思っても、若手起業家との出会いがなかったり、どういう起業家やビジネスに投資すべきかや投資したあとのプロセスがわからなかったりします。

SEVENはそのようなベテラン経営者をコミュニティのメンバーとしてサポートしています。若手起業家が多数参加するピッチイベントをZoomで開催したり直接交流できるリアルイベントを開いたり、どのような起業家やビジネスに投資すべきかといった参考情報を提供したりしています。また、投資後もエグジットするまで伴走します。

一度エグジットまで自身で体験すると、次からは自分がパワーエンジェル投資家として起業家に投資し、エグジットまであと押しができるようになります。

SEVENの目的は、起業家がスタートアップの上場を成功させられるように、起業家にとっての予備校的な役割を果たすこと。同時に、ベテラン経営者にエンジェル投資家としてデビューしていただき、パワーエンジェル投資家を量産して、日本の国力を底上げすることです。

SEVENのステージ

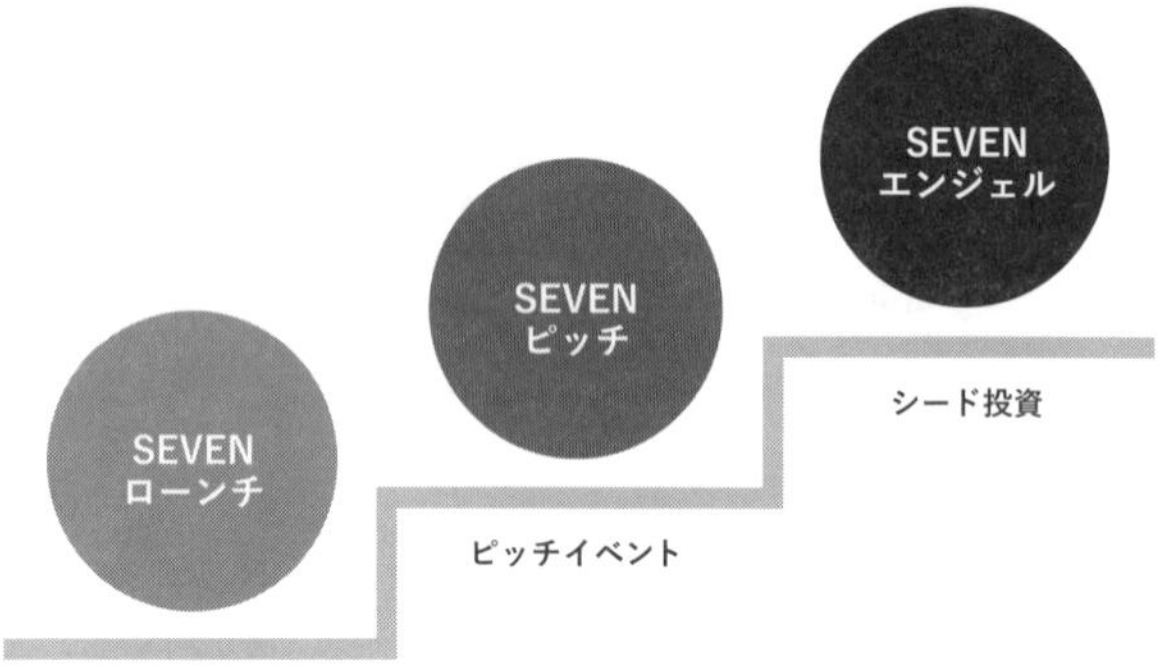

上場まで支援するプラットフォーム

コロナ禍で各地で行われていたピッチイベントがなくなり、資金調達に困っている起業家がたくさんいたことから、Zoomでピッチイベントを開催したことがきっかけでSEVENは生まれました。

SEVENには若手起業家にエンジェル投資をしたい経営者がメンバーとして在籍しており、起業講座(SEVENローンチ)やピッチイベント(SEVENピッチ)が毎月2

朝7時からの起業講座には多くの起業家が参加する

回開催され、そして実際にその中から毎月数社がエンジェル投資家（SEVENエンジェル）からの資金調達に成功しています。右頁の図のように、起業家の育成から発掘、エグジットまでを体系的に支援するプラットフォームです。

SEVENでは、４章の「支援する」で挙げた項目に加えて、次のような支援を行っています。

SEVENローンチ

Zoomで学ぶスタートアップ起業講座を朝７時から無償で開催しています。講座では企業理念の構

Zoom上でピッチをして投資家からフィードバックをもらう

築やビジネスモデルの設計、ファイナンスの基礎、資金調達の資料づくり、投資家へのピッチ準備など、起業から資金調達までの一連の流れを網羅しています。

SEVENピッチ

毎月7日と21日の夜7時に、SEVENが選別したスタートアップ7社がピッチをするZoomイベントを開催しています。

ファーストラウンドでは自社のビジネスモデルを3分で話し、3分間の質疑応答のあとに参加者による投票が行われ、7割以上の投票があればセカンドラウンドへ進出します。

セカンドラウンドのピッチではより詳しい説明を行います。セカンドラウンド後、山本・戸村とビジネスの検証や条件など詳細な面談を行った上でファイナルラウンドでピッチします。ファイナルラウンド後はエンジェル投資家とそれぞれ面談して、合意に至れば出資してもらえるというプロセスです。

SEVENが始まって約1年で、計21社がそれぞれ５００万円～３０００万円の資金調達を成立させています。

SEVENエンジェル

エンジェル投資家は全員若手起業家を応援したい現役経営者（パワーエンジェル投資家）で構成され、SEVENピッチを突破した起業家に投資したあと、起業家育成に関わっていただきます。

SEVENを通して投資が決まったあとは、毎月の月次レポートと3カ月に1回の株主ミーティングを行います。エンジェル投資家は各業界で活躍されている経営者なので、投資後は商品開発やマーケティング、経営に関することなどの相談に乗ってもらえます。

SEVENメンバー

投資先1社当たり7名以下の経験豊富な経営者がチームになり、投資や経営、エグジットまでをサポートします。SEVENのメンバーは現役経営者かスタートアップ関係者のみが入会できます。投資先にお金+人的ネットワーク+ビジネス経験を提供でき、次のステージへとあと押ししてくれるパワーエンジェル投資家が在籍しています。

SEVENメンタリング

山本・戸村によるメンタリングをZoomで毎月2回行います。起業家とパワーエンジェル投資家との交流会やメンタリングを受けられるリアルイベントも開催しています。

SEVENファミリー

SEVENを通して投資を受けた起業家のみが入れるグループチャットで、スタートアップ最前線のココだけの情報が活発にやり取りされています。少し先を歩む先輩起業家から学べるだけでなく、全員がSEVENで資金調達したシード段階のスタートアップ起業家なので、同じ目標に向かって切磋琢磨できます。

SEVEN資金調達支援

山本が累計18億円を調達した経験をもとにピッチのストーリーづくり、スライド修正支援、ピッチ指導、最適なVCの紹介などを行い、次のラウンドへ進むあと押しをします。スタートアップを経営していく上で最も重要な資金調達イベントを後方支援します。

SEVENメディア掲載支援

経済界やForbesJAPANにコラムを寄稿している戸村がメディア掲載やPRの支援を行います。開発したプロダクトに魅力を感じているのは自分たちだけだった、というひとりよがりなケースは少なくありません。また、専門性が高ければ高いほど、一般受けせず数字がとれないという理由から、メディアで取り上げてくれる記者やディレクターの数は少なくなります。SEVENでは投資先のユーザー増につながるメディア戦略を立てる支援を行っています。

SEVENアシスト

シードの段階で各専門家とそれぞれ顧問契約するほどスタートアップには資金的余裕はありません。そこで、法的な問題や労務など、のちに大きな問題につながりかねない事項を月7700円で、解決できるようにしています。スタートアップに強い税理士や弁護士、会計士、社労士、司法書士にチャットで相談できます。

SEVENリサーチ

気になる業界やキーワードのニュースが毎朝20～30件配信されます。自分でリサーチしようとすると、起業家は忙しくて情報収集の時間がなかなか取れないため、自動配信される仕組みを提供しています。

また、どんなスタートアップがいくら資金調達したかや、資金調達できた背景を分析したレポートが毎週配信されるので、次回の資金調達の参考情報として活用できます。

投資家と起業家の良好な関係を築く報連相

起業家が初めて投資をしてもらう、あるいは投資家側が初めて投資をするときに、投資家と起業家がどのように付き合えばいいのかの指針を、報連相のかたちで改めてまとめました。

報告

起業家は月1回、株主に月次レポートを提出しましょう。4章に載せた月次レポートのフォーマットを使って毎月きちんと報告することで、投資家に安心してもらえるだけでなく、アドバイスや支援をしてもらいやすくなります。

月次レポートは起業家が1カ月頑張った成果報告なので、投資家は見ているということだけでもいいのでコメントしましょう。エンジェル投資は目利きと適切な支援によって成功確率が上がるので、お互いの成功のためでもあります。

報告したのになんのコメントももらえないと、翌月からのレポートが疎かになってしまうこともあるので何かしら反応することが大事です。

連絡

起業家は、株主からの質問にはとにかく最速で返信することを心掛けてください。

そもそも仕事ができる人は返事が早いですし、調べて回答する必要がある場合でもいつまでに返事をしますとメッセージを送ることで、投資家の安心感が増します。

投資家は、投資先が必要としている方で紹介できる人がいたらつないであげてください。投資家の支援で喜ばれるのは、困っていることを解決できる人やサービスの紹介です。紹介だけであればFacebookのメッセンジャーでグループをつくって、あとは直接話してくださいとつなげばいいので、かかる時間は5～10分です。

それだけで投資先の成功確率が上がるので、大切な支援のひとつになります。

相談

起業家は、パワーエンジェル投資家をフル活用しましょう。お金を出してもらっただけでありがたい存在ですが、経営陣の一員になってもらったと思って相談しましょう。遠慮して相談しない起業家もいますが、相談して成功するか、相談せずに失敗するかだったら、投資家は迷わず相談してもらうほうを選びます。

馴れ馴れし過ぎるくらいよく連絡をしてくる起業家もいますが、学校の先生がクラスの問題児ほどかわいがるのと同じ心理です。放っておいても問題のない成績のいい子はあまり印象に残らず、手がかかる問題児のほうが「かわいかったな」という印象が残るものです。甘え上手かどうかも、重要なスキルのひとつです。

「今の経営幹部は大丈夫だろうか？」といった相談は株主にしかできませんし、株主は親のような存在なので、どんなにビジネスの調子が悪くても、いつどんなときも応援し続けてくれる存在だと思ってください。

また、良い報告も嬉しいのですが、悪い情報が共有されないままギリギリで言われて手遅れになるのが一番困ります。病気と同じく早期発見、早期治療できるようにこまめに報告・相談するようにしてください。


投資家は、起業家から相談されたら、もちろん話を聞いてアドバイスしてあげてください。なかには投資家に相談することをためらう起業家もいるので、月次レポートの内容を見て自分から「ここは大丈夫？」と声をかけることも大切です。

投資家と起業家が良好な関係を築き、協力すれば、スタートアップの成功により近づいていくのです。

column

column 08

コロナ禍が一変させたスタートアップの資金調達事情

2008年以前は日本なら東京、アメリカならシリコンバレー一極集中という状況がありました。しかしアメリカはリーマンショック後から、ニューヨークもスタートアップの拠点として非常に盛り上がってきています。

日本では福岡や神戸がスタートアップ支援を頑張っていますが、やはり東京がスタートアップの拠点としては圧倒的です。ヒト・モノ・カネ・情報のほとんどが集中しています。同じように優秀な人でも、居住地で成功確率が変わるので、新型コロナの流行前はスタートアップをやりたいという起業家には有無を言わさず「東京に行きなさい」とアドバイスしていました。しかし、コロナ禍において東京のスタートアップイベントが激減して、資金調達事情も変わりました。

SEVENが生まれたのも新型コロナがきっかけでしたが、今ではZoom上のやり取りだけで資金やノウハウ、人脈を得られるようになりました。SEVENが始まって約1年で投資先は21社になり、半分以上の投資先が栃木、長野、京都、兵庫、和歌山、岡山、福岡、そしてインドといった東京以外のスタートアップです。地方にいる優秀な起業家が、地方にいながらにして、本来東京やシリコンバレーの中心部でしか得られない情報やつながりを得られるようになったのです。

おわりに

本書は、起業家と投資家という両方を経験した立場からエンジェル投資についてお話しし、投資家と起業家それぞれの理解を深めていただくことで日本における起業の成功率を上げ、ひいては日本経済の底上げにつながればという思いで書かせていただきました。

ここでは共著となった戸村との出会い、そして今後のSEVENの展開についてお話しさせてください。

戸村は私の大阪桐蔭高校の15年後輩にあたり、戸村が高校3年生のときに出会うことになります。大阪桐蔭高校の進学コースはとことん勉強して京都大学や関西の有名私立大学を目指し、体育コースはとことん練習して全国優勝を目指すという学校です。そのような環境なので、起業や海外に目が向いている学生はまずいませんでしたが、私が大学生向けの講演をしに行ったときに高校生が1人だけ参加していました。それが戸村でした。

講演後にFacebookでつながりましたが、そのあと連絡を取ることもなく、シリコンバレーに戻って1年くらい経ったときに、「ようやくシリコンバレーの家が見つかった！」という戸村の投稿がタイムラインに流れてきました。

メッセージをしたら、その場所は私の家から5分くらいの距離だったので、ランチに誘いました。ランチのときに話を聞くと、親や学校の反対を押し切って自腹でシリコンバレーの大学に入学し、家が決まっていない状態で渡米してきたというのです。

私は高校時代に学年でひとりだけセンター試験を受けないと宣言して変わり者扱いされていました。戸村は学年でひとりだけ日本の大学に行かないという大阪桐蔭高校ではありえない意思決定をしていました。

見つかった家というのもリビングを間借りするものだったので、「それならChatworkのシリコンバレーオフィス（Plug and Play［※18］内）に寝泊まりすれば無料だし、毎晩イベントが開催されているから、そこに参加したら無料でピザが食べられるよ」と提案して、オフィスに引っ越しさせました（半年後に警備員に見つかって追い出されることになりますが、アメリカはとりあえずやってみて怒られたら辞めるとい

［※18］Plug and Play
シリコンバレーに本拠地を置く世界最大級のアクセラレーター。日本支社もある。

う文化なので住ませてみました)。

Chatworkではインターンとして、リサーチマネージャーという役割で業務を手伝ってもらっていましたが、それがその後戸村が創業したhackjpn inc(ハックジャパン)のビジネスにつながっています。今では累計1000社以上に、シリコンバレーや深圳を始めとした世界中のスタートアップ情報のレポートを提供しています。

戸村のように、講演やイベントで会ったり、シリコンバレーでランチしたり、紹介されてビデオ会議したりした若者たちが次々に起業して活躍しています。すでに上場しているグッドパッチのCEOである土屋尚史氏もそのひとりです。

コロナ禍で生まれた、投資家と起業家をオンライン上で結びつけ、エグジットまで導いていくプラットフォームであるSEVENは、地方の起業家にも光を当てるいい機会になりました。

SEVENが始まる前に私のYouTubeを見た鹿児島の17歳の高校生が連絡してきて、10分話しただけで逸材であることがわかったので、エンジェル投資をしました。こ

SEVENの投資家と起業家が集まったイベントにて

れからはこのような地方のポテンシャルの高い起業家志望の若者を積極的に支援していきたいと思っています。

現在、日本各地でスタートアップ支援が始まっています。私たちは各地のスタートアップ支援団体と連携して講演してまわり、若者の心に火をつけて、オンライン上で支援し続け、地方にいながらにして上場を目指せる環境をつくっていきたいと思っています。

そして私たちだけではリソースが足りないので、全国各地のベテラン経営者にパワーエンジェル投資家として若手起業家を支援いただき、SEVENを世界初のスケールするスタートアップ支援プラットフォームにして、日本経済の底上げに貢献していきます。

【著者略歴】

山本敏行（やまもと・としゆき）

Chatwork株式会社創業者。エンジェル投資家コミュニティ「SEVEN」のFounder。中央大学商学部在学中の2000年、留学先のロサンゼルスでEC studio(2012年にChatWork株式会社に社名変更)を創業。2012年に米国法人をシリコンバレーに設立し、自身も移住して5年間経営した後に帰国。2018年、Chatwork株式会社のCEOを共同創業者の弟に譲り、翌2019年に東証マザーズへ550億円超の時価総額で上場。現在はエンジェル投資家コミュニティ「SEVEN」に注力。著書に『自分がいなくてもうまくいく仕組み』(クロスメディア・パブリッシング)、『日本でいちばん社員満足度が高い会社の非常識な働き方』(SBクリエイティブ)。

戸村光（とむら・ひかる）

hackjpn inc代表。高校卒業後の2013年に渡米。2015年、大学在学中にシリコンバレーでインターンシップを簡単に見つけられる「シリバレシップ」というサービスを開始し、hackjpn inc(ハックジャパン)を創業。その後、国内外のスタートアップ企業や投資家を評価するサービス「datavase.io」をリリース。大手企業から政府機関、スタートアップまでおよそ 2,000社に導入されている。また、ForbesJAPAN official columnist、松竹芸能文化人でもある。

投資家《とうしか》と起業家《きぎょうか》

2021年 9月11日　初版発行

発行　**株式会社クロスメディア・パブリッシング**

発行者　小早川幸一郎

〒151-0051　東京都渋谷区千駄ヶ谷 4-20-3 東栄神宮外苑ビル

https://www.cm-publishing.co.jp

■本の内容に関するお問い合わせ先 …………………… TEL (03)5413-3140／FAX (03)5413-3141

発売　**株式会社インプレス**

〒101-0051　東京都千代田区神田神保町一丁目105番地

■乱丁本・落丁本などのお問い合わせ先 ……………… TEL (03)6837-5016／FAX (03)6837-5023

service@impress.co.jp

(受付時間　10:00～12:00、13:00～17:00　土日・祝日を除く)

※古書店で購入されたものについてはお取り替えできません

■書店／販売店のご注文窓口

株式会社インプレス　受注センター ……………………… TEL (048)449-8040／FAX (048)449-8041

株式会社インプレス　出版営業部 ……………………………………………… TEL (03)6837-4635

ブックデザイン　金澤浩二

DTP　内山瑠希乃

印刷　株式会社文昇堂／中央精版印刷株式会社

製本　誠製本株式会社

ISBN 978-4-295-40596-2 C2034